一个人就是一个团队
YIGE REN JIU SHI YIGE TUANDUI

——自由职业的真相

张筱芃 著

北京工业大学出版社

图书在版编目（CIP）数据

一个人就是一个团队：自由职业的真相 / 张筱苁著. —北京：北京工业大学出版社，2018.1

　ISBN 978-7-5639-5686-9

　Ⅰ.①一… Ⅱ.①张… Ⅲ.①自由职业者-研究 Ⅳ.① C913.2

中国版本图书馆 CIP 数据核字（2017）第 244644 号

一个人就是一个团队——自由职业的真相

著　　者：张筱苁
责任编辑：付春怡
封面设计：艺点视觉
出版发行：北京工业大学出版社
　　　　　（北京市朝阳区平乐园 100 号　邮编：100124）
　　　　　010-67391722（传真）　bgdcbs@sina.com
出 版 人：郝　勇
经销单位：全国各地新华书店
承印单位：三河市九洲财鑫印刷有限公司
开　　本：787 毫米 × 1092 毫米　1/16
印　　张：13.25
字　　数：147 千字
版　　次：2018 年 1 月第 1 版
印　　次：2018 年 1 月第 1 次印刷
标准书号：ISBN 978-7-5639-5686-9
定　　价：28.00 元

版权所有　翻印必究
（如发现印装质量问题，请寄本社发行部调换 010-67391106）

序言

在每个时代，新生事物总是伴随着争议出现，或被大力追捧，或被猛烈批判。只要不是三观不正、违法乱纪，没人能准确地对这些新生事物下定论，因为没有人知道它们的发展方向。自由职业便是如此，有人觉得这是一种打破固有模式的新的工作方式，有人觉得这不过是浮躁社会的一个缩影。

我们无须为自由职业者辩解，也无从为其下一个准确的定义，却可以通过对这些自由职业者的观察和探索，了解这个新兴行业。

《一个人就是一个团队——自由职业的真相》里记载的全部是有血有肉的自由职业者的生存状态。那些梦想开始的地方、那些最真实的抉择瞬间、发展中的挫败和突围、一蹶不振和重整旗鼓，都在书中一一呈现。

这些全部属于自由职业者，是这个平凡而又特殊的群体的写照，是整个社会群体的一部分。读完你或许会发现，其实自由职业者没

一个人就是一个团队
——自由职业的真相

有人们想象中那么神秘，他们不过是更换了一种工作状态，一种为自己打工的状态。

一个人就是一个团队，或许读完本书你会认同这种观点，或许你会质疑："一个人就是一个团队吗？"无论是赞许或者否定，认同或者质疑，自由职业者已经以一种强势的姿态开始在社会舞台上扮演自己的角色。

让我们一起走进自由职业者的世界，寻找各自心中关于自由职业者的答案。

目 录

第一章
原来这就是自由职业

第一节　告别乏味，成为"光鲜"的 soho 一族　　003

第二节　打破稳定，真的就能翱翔？　　010

第三节　时间管理，让你找到自我价值　　018

第四节　给自己定一个小目标，或许赚一个亿也不难　　025

第二章
自由撰稿人：书写自己的曲折人生

第一节　开始：理想很丰满，现实很骨感　　035

第二节　发展：不怕低收入，坚持就能看到曙光　　042

第三节　突破：你是自己的推销员，要学会寻找客户　　047

第四节　才华不是张狂的理由，守时不是低劣的借口　　059

一个人就是一个团队
——自由职业的真相

第三章

自媒体运营：网络时代你是主宰

第一节　市场：这是最好的时代　　　　　　　　　　　063
第二节　本质：微信文案不等于自媒体　　　　　　　　067
第三节　方向：不整容也可以当网红　　　　　　　　　072
第四节　收获：成就集智慧与美貌于一身的你　　　　　076

第四章

微商：小老板的大目标

第一节　挫败：你没有你想象的那么有人气　　　　　　085
第二节　认知：微商不是一个人的孤独，而是一群人的狂欢　091
第三节　转折：盈利从"交朋友"开始　　　　　　　　097
第四节　生活：当工作融入生活，少了自由多了财富　　102

第五章

淘宝电商：一个人的 N 种角色

第一节　定位：不是人人都适合开店　　　　　　　　　109
第二节　机遇：抓住市场更要抓住热点　　　　　　　　112
第三节　挑战：攒人品的 N 种方式　　　　　　　　　　116
第四节　拓展：美工、客服、运营、销售……你需要一个团队119

第六章
艺术家：再高的格调也离不开穿衣吃饭

  第一节 责任：在做艺术家之前你首先是一个社会人 125
  第二节 营销：没有慧眼，金子也会蒙尘 129
  第三节 求全：开一家公司或许比办一次画展现实得多 133
  第四节 圆梦："满身铜臭"或许是实现梦想的基础 137

第七章
自由职业的多维度选择，你是哪一种

  第一节 演员：光鲜背后是无人诉说的辛酸 143
  第二节 民谣歌手：不是每一次流浪都能收获掌声 147
  第三节 花店老板：为了生活，也为了梦想 152
  第四节 酒店体验师：四海为家的洒脱里有一种执着 158
  第五节 创业者：90后创业者的美丽与哀愁 164

第八章
自由职业的技能：学习不停歇，才是永恒的动力

  第一节 自由也要管理，你就是最大的老板 173
  第二节 寻找英才，迎来新的职业生涯 178
  第三节 社保知识全掌握，让未来后顾无忧 184

第四节	理财+储蓄，是成年人的必修课程	187
第五节	跟客户交朋友，在不稳定中寻求稳定	190
第六节	跟宅男宅女告别，跟阳光向上优雅邂逅	195

后记： 一个人的自由职业，一个时代的狂欢　　　　　199

第一章

原来这就是自由职业

第一节 告别乏味，成为"光鲜"的 soho 一族

"自由职业"这个词在这几年渐渐地成为人们热议的焦点，有人觉得它"高大上"，因为可以实现财务自由、工作自由、精神自由……有人对这种新生职业持怀疑观望态度。

神奇的是，无论是向往的人还是观望的人往往都有一个共同特点——收入不错、工作稳定、生活乏味。

在北京一个普通的公司经理差不多年薪 30 万元，可能在房价还没这么高、父母尚有余力的时候买了套房，然后结婚生娃，过着不算捉襟见肘但是也紧紧巴巴的日子。

今年 32 岁的阿南就是这样的白领。他不是本地人，在北京奋斗多年，结婚生子，有房有车。这在很多人看来已经是值得羡慕的日子了，阿南却很焦虑："周边很多朋友已经出去创业，开公司做得风生水起。看着他们，感觉自己在这样稳定的生活里，心都已经麻木得快死掉了。"

阿南的困惑实际上也是很多在大城市打拼生活的年轻人的困惑。他们不再仅仅追求一份可以糊口的稳定工作，羡慕周围那些有魄力开始新生活的创业者们，但同时也顾虑重重，因为打破稳定的状态绝不是一个轻松的决定。

一个人就是一个团队
——自由职业的真相

对于阿南而言，稳定的工作意味着家里房贷有着落、女儿的早教班有着落，虽谈不上高收入，但是用自己这份工资维持家庭开支还是可以的。但是当曾经的老同学开着保时捷来参加聚会，开始谈论投资、谈论资本市场的时候，他显得那么无所适从。

羡慕有之，担忧亦有之。过了 30 岁的人，已经不会因为其他人的热血和激情就可以忽视现实。他见证了朋友的发展轨迹，有投资暴富的，但同样也有创业倒在 B 轮融资路上一蹶不振的。

在这片充满危险和机会的土壤里，阿南有时候觉得自己才是个异类，因为那些创业的热情不属于他，那些向着才华招手的资本不属于他。这座城市的喧嚣和繁华似乎与他无关，他只是一个旁观的局外人。

再拼一回或者追求稳定，都只是一种个人选择，没有高下之分。但稳定的工作真的稳定吗？

在全民拥抱互联网的时代，或许并不存在所谓真正的稳定。传统的赢利模式、传统的工作方式，都亟须转型。固守在原本的岗位上一成不变，反而会变成一种不稳定。

以前人们要稳定，现在要可能性

如今的商业已经向互联网商业、智能化商业发展。特别是对于银行这类传统行业来说，越来越多的银行功能已经被人工智能取代。取钱、存钱甚至是办理开户，用户都已经可以完全不经过任何工作人员自行办理。

有了商业模式的转变，随之而来的是工资模式的转变。互联网时代瞬息万变，创业者不断涌现。在现今的经济模式下，稳定的工资

第一章
原来这就是自由职业

收入已经不是所有人所追求的东西。银行如此，其他传统行业也是如此。

热播的网络综艺节目《奇葩说》中曾经出现过一个非常有趣的现象。众多其他主流电视台的主持人、导演去这个节目应征。其中让人印象最深刻的是一个湖南台的编导兼主持人，不但去节目应聘，还直言不讳地说道："我是来挖角的。"

这是传统媒体一个让人悲伤的现实——缺人才，留不住人才。即便是不愁广告营收、收视率领先的湖南卫视同样如此。这是为什么呢？或者细究节目中的对话我们就能找到答案。

来《奇葩说》挖角的女编导提到，长沙是二线城市，房价低，物价低，而且湖南台的工资水平绝对可以超过一线城市的平均水平。对此，她提出一个让她疑惑的问题："为什么我刚刚说了那么多，咱们这些幕后人员不为所动呢？"

看起来这是个无比诱人的馅饼，高收入、低物价、工作稳定……但是事出必有因。依然沉浸在工作稳定、工资稳定的传统行业中的人或许不明白，很多人对于工资收入已经有了新的追求。

马东解答了女编导的疑惑。他说："我们米未传媒（《奇葩说》制作策划公司）虽然比不上湖南台庙大，但是我们每一个员工现在都是有股权的。"

简单一句话，让女编导哑口无言。这只是传统行业和创业公司、自由职业之间较量的一个缩影，显然后者完胜。工资再高，都是别人对你价值的肯定，始终脱离不开为别人打工的圈子。而且稳定的工资收入需要稳定的公司模式，它的反面可能就是一成不变、停滞不前。

一个人就是一个团队
——自由职业的真相

在飞速发展的互联网浪潮前,看似稳定的巨轮可能被时代的巨浪打垮,最终变成一堆残骸。

拥有股权,意味着"我在为自己打工",这是一种动态的收入,无论是增长或减少,你都拥有更多的自主权。这是互联网时代的双刃剑,但是只要利用得好,你的未来就会变得不可预测和充满可能,随时呈现爆炸式的指数增长。当然,万变不离其宗,所有的质变都是在量变的前提下发生的。拥有这份爆炸式可能性的前提就是你有才华、有眼光、够努力。

这不是怂恿所有人都打破稳定,但是不得不承认一般意义上的劳动回报已经追赶不上城市高昂的物价和房价了。以深圳为例,市内每平方米住宅平均价已经接近8万元,而普通上班族一个月平均工资只有6800元。这意味着如果一个人想要凭借一己之力买一套50平方米的小房子,不吃不喝需要大约50年。

追求稳定,这对于40岁以上的中年人或许还可以理解,因为他们大多已经具备了前提条件,不再有硬件设施上的生存压力,因此保持自己稳定的工作,十几年后退休,或许是不错的选择。

但对于80后、90后而言,稳定的工作或许也让他们不安。收入一直在涨,工作还算顺利,但是始终追赶不上房价物价上涨的脚步。

当然,创业有风险,追求自由职业有风险。但是当稳定的工资已经无法带给人们稳定的生活,放手一搏又何妨?要相信资本的增长永远会超过工资的涨幅。

20年前,或许你月收入几百元,现在或许你月收入上万元。但回头看一看物价,十年前在城市里几十万元就可以买一套三居室的房子,现如今500万元或许只能买个大一点儿的单身公寓。

在这个时代，你完全可以拥有更高的收入，你的价值还有挖掘的可能。千万别被所谓的安逸蒙蔽。

死工资换不来财务自由

是否所有的行业都无法实现高收入，实现自身价值呢？这倒未必。但所有高收入的行业，同样也意味着高风险，而且具有极强的不稳定性。

一般工作稳定且高收入的行业同时具备高风险和稀有性的特点。例如飞行员、金融投资专家等或许也能实现工资稳定，但是遗憾的是这些行业本身不稳定。

当行业不稳定，而你却选择在岗位上稳定时，其实风险更大。更有甚者会直接面临失业的危机。

工资收入所对应的应该是低风险，因为工资意味着旱涝保收，但现实是，现在这个时代一个人因为不敢冒险，反而职场风险指数越来越高。

所有高收入的行业都是处于风口浪尖上的，当行业的大船行进在时代波涛汹涌的海面上，你身为船上的舵手之一，如果纹丝不动，那么或许下一秒翻船的就是你。当行业动荡，你个人的姿态也要随行业一起摇摆，正如航行在大海上的船只，唯有跟海浪保持同一频率，才能够获得真正的平稳。

通俗点儿讲，当行业动荡时，不但失业风险会增加，或许你的可替代性也会增加。因为行业的吸引力会让你增加无数的竞争者。你的

一个人就是一个团队
——自由职业的真相

稳定意愿也就变得不受自己控制了，裁员、下岗、解雇都可能成为你稳定生活中的不安定因子。

小周，一个三线城市的公务员，机关单位的笔杆子。这绝对是一个仕途光明、待遇不错的职位，因为他直接对接的就是单位的一把手，他担任一把手的秘书。怀才不遇什么的对他而言简直太遥远了。

但是他说他很焦虑，感受到非常大的危机感。别人对他这种心态很不解，毕竟这份职业在别人眼中是铁饭碗，前途好、待遇好。他解释道："我跟朋友聊天的时候感触特别深，很多他们讲的东西我完全听不明白。关于现在的互联网、关于时下的一些潮流，我简直就像个信息闭塞的乡巴佬。想想真的很可怕，我觉得自己的思维被定住了，而且对外界这些信息兴趣并不大，人活得越来越麻木。"

体制的好处就是让你可以按照规矩、按部就班地工作，不出意外的话，你几乎也不会面临失业的风险。但同样地，相对的稳定意味着相对的约束，你的整个思维越来越成体系，其实也就意味着你很难再有其他可能。

小周的悲哀，有源自一成不变的生活的悲哀，同时也有生活在二三线城市和一线城市的不同的悲哀。城市在不断发展，基本的娱乐设施、生活设施在不断完善，二三线城市看上去除了没有一线城市那么高的房价，看上去差距越来越小。但是本质的一点儿都没有变——一线城市接收信息、获取资讯的速度依然是最快的，资源依旧是最多的。

安全和稳定只是相对的，小周对于外界世界的迷惘和自身发展的担忧，是现代年轻人的一种普遍担忧。时代造就了这种矛盾，将所有

第一章
原来这就是自由职业

人推到了选择的十字路口——稳定或者突破，固定收入或者财务自由。

"鱼与熊掌不可兼得。"当你不愿被困在死工资里，不想被约束在固定模式中，就必须勇敢地踏出改变的第一步。庆幸的是，奋斗不会太晚，在这个时代，一切皆有可能。每个人都有实现梦想的机会，每个人也可能会尝到梦想破灭的苦涩。

可是没有人是永远安全的、毫无风险的。面对人工智能的发展、自动化的进步、互联网的侵袭，人人都应该警惕起来。在新的时代，工资不应该成为选择职业的首要考量因素。你适合做什么、你想要成为什么人才是应该最先考量的因素。

无论你身在体制内还是体制外，无论你的工作稳定还是动荡，都要始终保持一份紧张感，让自己拥有离开体制的能力，让自己拥有变得不可替代的价值。

唯有你强大到不再依附任何一个组织和机构而存在，你才能真正实现自己和世界的链接。你一个人如同一家公司，一个人成为一个团队，你才能真正拥有财务自由。

让你的工作真正成为"你的工作"，从打工者的角色中跳出来，成为自己职业生涯中的大 Boss（老板）。属于你的时代已经到来，不要让你的工资低于你的价值。只要你想，你就可以为自己的价值打分。

第二节　打破稳定，真的就能翱翔？

选择自由职业，对于很多人而言，重要的在于"自由"，有时却因此忽略了自由职业的最终落脚点在"职业"。

开咖啡馆、办一个鲜花小店、做一个只属于你一个人的小餐馆或者小客栈……想象可以无限丰富也可以充满浪漫。但真的打破稳定，实际去运营远没有自己想得那么简单。

没那么简单，别那么浪漫

在这些看上去让人心情愉悦的自由职业中，往往都有一些共性：操作较为简单、需要人员少、面向不同的人群，更重要的是听上去温馨文艺。

但生活终究要踏上实实在在的道路，浪漫的小资情调不可能是主旋律。因为一直泡在蜜罐里也就没有所谓的甜了，只有有苦有甜的生活才会有滋有味。

有一个辞职开咖啡馆的朋友说："我就是想过自由的生活，有点儿钱、有点儿闲，让生活慢下来，享受过程中的美好。而且在这个过程中我还能认识很多新的朋友。"

这是基于对自由职业的美好想象。当我们真的从事一个行业，你就会发现，它远没有想得那么简单。无论你把工作当作营生还是把工

第一章
原来这就是自由职业

作当作生活，归根结底，工作的性质并不会改变。

"有点儿钱，有点儿闲"固然是人人向往的一种生活状态，但往往现实是有钱却忙到死，很闲却穷到哭。或者有一天你甚至会开始厌倦自己悠闲枯燥的生活。设想一下，倘若既没钱还无聊透顶，这样的生活真的是你想要的吗？

我们听过无数人辞职下海、自主创业成功的例子，也听过数不清的人因为打破稳定而一蹶不振的故事。其实问题不在于你是否选择了自由职业，而是在于你到底为何选择这种职业、要如何去从事这种职业。

相信跌倒在自由职业路上的人，绝大多数都曾有过这样的迷茫："我不想在公司干了！这样天天被老板当孙子骂的日子简直不是人过的，想到上班路上拥挤的地铁和公交我就浑身难受，想到周末被迫加班的艰难我就头疼……但是不看别人脸色，把工作辞掉之后，我能做什么呢？"

一般这样想的人会有两种结果：一种始终没有勇气离开，浑浑噩噩地继续一边抱怨一边在现在的工作岗位上"垂死挣扎"；一种虽然离开了公司，但真的像是迷路的孩子不知要往哪儿走，生活就此停摆。

认清自我，才能找到回家的路

自由职业者，目标是自由，但归宿终究是职业。唯有想明白这一点，你的自由职业之路才有可能畅通无阻。

大多数自由职业者不是富二代，没有强大的资本支撑，毕竟他们都不是"拿五亿元出来玩玩"的王思聪。在一穷二白的前提下，他们

一个人就是一个团队
——自由职业的真相

自身就是最大的财富。换言之，没两把刷子，是不敢出来从事自由职业的。

自由职业者，必须落脚到职业上，甚至自由职业的职业性要求比一般职业更高。在职场中尚有古道热肠的领导和同事帮你兜底，但是在自由职业的"战场"上你单枪匹马，技能就是你最好的"防身利器"。

很多刚刚离开公司走向自由职业的人，往往会陷入一种焦虑。我们可以称之为"失业症候群"。这部分人往往因为向往自由，一个不顺心就选择了自由职业。离开的时候留下豪言壮语："此处不留爷，自有留爷处。"但是当自由摆在面前，却变得两眼漆黑、一片迷茫。

其中一个首要问题就是："我要怎么开始，要做什么？"突然多出来的大把时间和自由，如果原本没有任何规划，就会变成一只无头苍蝇，不知道自己要做些什么。

如果只是走一步算一步，很快就会陷入焦虑和恐慌中：积蓄在流失，还是没有客源；工作开展不下去，现在的发展好像方向不对……

一系列的问题接踵而至，根本原因就是没有做任何的规划。

任何职业都需要规划，自由职业更是如此。因为职场不是旅游，追求诗和远方可以想走就走，享受暂时的浪漫；但在职场里如果只凭借一腔热血，毫无头绪地乱撞，最后也只能是一团乱麻。

当然，有人的困惑不是始于怎么开始，而是认不清自己。当自由职业开展不顺利的时候，他们用"我不知道该做什么，我什么都不会，我没有资金和平台"这种可笑的理由解释自己的失败。更有甚者，一只脚踏进自由职业，另一只脚还对原本的稳定工作念念不忘。当这边被浪打湿了脚，就立即缩回到另外一边。

其实这一切不过是懒惰懦弱的借口，技能不足可以提升技能，没有平台可以寻找平台，没有机会可以创造机会……

你的一无所有只能说明你不够努力。当然，对那些缩回到原本舒适圈、重返原来职场的人，必须说："你不但对不起自己，更对不起再次接纳你的老板。"因为无能的人在任何的地方都是无能的，这种接纳无异于"收容"。

规划人生，才能自由飞翔

自由生活是需要长期筹备的，它的开始绝不是你辞职后，而是在更早之前。不要等到已经辞职后才审视自己会什么，自己适合做什么，而是在职业生涯的最初就要对自己做"内测"。这样才能真正做到"心中有数，遇事不慌"。

关于一技之长，职场其实就是你最好的学校。你必须早早锻炼出一身技能，才能充满信心地踏上自由职业之路。这种技能或许不是文字、美工、编程等显而易见的技能，它也可能是销售技巧、管理能力甚至是情商这种看不见的技能。总之，认清自己、提升自己是所有改变的第一步。

当然，辞职前的筹备远不只如此，你还要学会以下这些事情：

1. 学会投资自己

当你拥有稳定工作、稳定收入的时候，你必须趁机学习该如何规划你的财富。要知道这世界上没有免费的午餐，价格和价值永远是一致的。当你用着免费但是龟速的网络，上网去听免费却只有皮毛的公开课；当你为了省钱在海量的网上信息库中搜寻你所要的资料；当你想要学习技能却只是看着免费视频雾里观花时……其他人或许已经在路上飞奔了。

努力必须用对地方，节约也必须用对地方。当你沉浸在寻找免费资源的时候，你所用的时间和精力或许已经超出了免费资源的价值。要知道真正的知识永远不会是免费的，付费的课程一定比免费的课程深入。当然，如果你是某方面的天才，你可以坚持自己的选择；如果你不是，你想要提升技能要么就是选择花费大量的时间去自己学习，要么就是通过花费金钱来购买专业课程、专业培训。

2. 学会与世界链接

自由职业并不是孤军奋战。如果你因为想要逃避社会而从事自由职业，那么我可以明白地告诉你，你一定不会成功。因为自由职业并不是单打独斗，而是让自己站在最前沿，与世界建立链接。你必须去拓展客户，你必须去了解市场，甚至你还需要花费精力去建立社交网络。你比在公司时更需要平台、资源和人脉，而这一切的获得都需要靠你自己。

所以，花点儿时间和精力，保持开放的心态，在社交平台上发出自己的声音，有意识地拓展人脉，多结交一些对你的事业或者人生有益的朋友。或许当有一天你踏上自由职业之路时，这些都会成为你的助力。你的自由职业是否独自奋斗，完全取决于你前期的积累，当你建立起强大的社交圈，你会发现客户也好、平台也罢，都不再是难事。

3. 学会拓展自己

前面说过，自由职业对自我的要求往往比一般行业要高。在秩序井然、体系完善的企业里，你只是其中的一环，是个螺丝钉，但是在自由职业中你就是整个体系。因此从在公司工作开始，就要有意识地建立自己的体系。不要怕吃苦，更不要怕麻烦。即便你不离开公司，因为你多想、多做、考虑周全，你也会成为老板最爱的员工。

有一个已经被传滥了的故事：

一个公司的两个员工，同时进公司，做的工作差不多，但是一个很快就晋升为部门主管，一个依然是小职员。没有升职的员工跟老板抗议，表示不服。老板什么都没说，把升为主管的员工叫来，给两个人安排任务——去询问现在市场上土豆的价格。

结果没升职的员工很快就回来了，告诉了老板现在土豆的价格，并且为自己的高效率扬扬自得。过了一个小时，新任主管才回来，他不仅仅告诉老板对比三个市场土豆的平均价格，以及去年土豆的价格，还告诉老板由于今年土豆产能过剩，比去年整整便宜了一半……

同样的工作，不同的人给出的结果不同，看起来工作都已经做了，但做事的思维和方法不同。绝对不要把自己框在眼前的工作里，你想要走得远，就必须看得远。

当然，首先要建立这样的意识，习惯养成的开始是痛苦的，但是当你坚持一周、两周、一个月，逐步形成习惯，你会发现这会让你受益终身。

4. 学会保持阳光的心态

2017年3月23日，中国国足在世界杯预选赛里以1:0的成绩战胜韩国队，这是中国国足对战韩国队近三十年的第一次胜利。为此举国球迷振奋，朋友圈被中国红刷屏，但还有不和谐的声音出现。悲观的人说："唉，三十年才赢这么一次。"就如同在沙漠中迷路时，乐观的人会说:"肯定还有希望,我还有半杯水呢!"悲观的人却说:"我走不出去了,我只剩半杯水了。"

很多人在开始从事自由职业之前会说:"我放弃现在的生活一定会变得更糟。""我失业了,我的人生没有希望了。"事实上,你的心态决定了你看到的世界。那些没有勇气放弃现在生活的人,要解决的不光是能力问题,还有心态问题。一成不变、害怕挑战、畏惧冒险的人不适合自由职业,他们就像是被装在套子里的人,永远活在惶恐之中,因为任何事情都是相对的,这世上本就没有绝对的稳定和安全。

要学会放弃适当的舒适,学会勇敢地面对挑战,学会坚强地应对挫折。既然选择了自由职业这条路,就不要怕路途艰辛。繁花盛开的路上往往伴随着荆棘,想要欣赏美景,就要懂得忽略那些微弱的刺痛。

5. 学会给自己一点儿紧张感

每个人或许都有过这样的经验,在考试中感到紧张、找不到什么问题、总是对自己的表现感到遗憾的时候,或许最终的成绩往往是历次最高的。保持一点点紧张感,或许在做人做事上都可以让自己成为更好的自己。

每个人都不可能总是得一百分的,但是如果你拥有追求完美的偏执精神,你所有的事情都不会太差。比如某公司有一位领导,总是对员工的工作不满意,搞一场活动,需要100人,她至少让员工联络300人,中间还要确认是否参会,参会当天群发通知之余,还要提前一个小时给每个参会者打电话,确定出席。这种工作方式让员工怨声载道,每场活动下来,感觉身心备受折磨。她也一直因此被员工私下吐槽太过神经质。但不得不承认,她组织的每场活动参与度都极高,各个细

第一章
原来这就是自由职业

节上也近乎完美。没有一百分，至少也有九十分。

同样的道理，如果一个人从公司脱离出来，成为自由职业中的一员，这本身就是从生活的舒适圈跳到另外一种截然不同的生活里。这种生活里不确定的、未知的因素更多。唯有时刻保持敏锐，留有一点点追求完美的紧张感，才会让自己能够从容应对。先苦后甜，在事业上多点儿偏执，在结果上就少些挫败。

有序却无趣，是因为你尚未认清自己；自由却迷茫，是因为你没有完整的规划；自由而有序，是因为你认清了自己、找准了规划，为自己的人生写好了完整的计划书。

人是可以实现自我提升的。你在公司工作，可以具有主人翁精神，成为老板喜欢的员工，拓展自己的能力；你从事自由职业，可以成为自己的员工，让自己在相对的自由里有计划地执行工作。

自由了，就能无拘无束地翱翔吗？答案在你自己手上。想清楚"我是谁""我可以是谁""我应该是谁"，继而明确自己的飞行轨迹，那么广阔蓝天任你翱翔。

自由是相对的，找到自己，认清自己，就能找到你要的自由，就能为自己插上翅膀。

第三节 时间管理，让你找到自我价值

没有计划的人生是混乱的，没有时间管理的工作是无法体现价值的。这是不变的规律，与自由与否毫无关系。

如若无法认清这一点，任性挥霍自由的时光，你会发现时间会过得很快，你的价值会在日复一日的拖延、消耗中渐渐消失。你可以无法区分哪天是假期，哪天是工作日，但千万别看不清自己在每个阶段的目标和规划。

凡事都有度，过犹不及。在自由职业者的生涯中亦如是。倘如你想如同陶渊明一样过上"采菊东篱下，悠然见南山"的隐居生活，那么我只能很遗憾地告诉你，那是隐居生活，却不是自由职业。

自由职业，从规划开始

真正的自由职业应该是这样的，你会为你每一阶段的工作做规划，用无数小目标来实现自己的大目标。

曾在百度工作的文小姐，在自己成为自由职业者的100天，写下《"裸辞"100天，赚了2万元》。这并不是什么不得了的成就，三个多月赚2万元。但是看完她的规划却不得不承认，这样的自由职业绝对前途光明、道路畅通。因为清晰的规划总是会带给人希望，让人感受到价值。

第一章
原来这就是自由职业

2016年，对于文小姐而言是不同寻常的一年，因为她从工作了3年的百度离职，抛弃了一份很多人艳羡的收入，开始了自己的自由职业之路。

31岁的人，有家庭、有孩子，原本稳定的生活被打破，在很多人看来文小姐的选择是不明智的。实际上对于这个新的开始她充满了期待。

100天后，文小姐回顾自己自由职业之路的开始，依然感觉无比的自豪。这100天她税后一共赚了20183元，甚至比不上她上班一个月的工资。

再去除时间成本，细细算来这笔账或许是个赤字。但是对她而言确实是充满希望的开端。

在这一点上，文小姐一点儿都不慌乱。在她看来，从"裸辞"到开始自由职业，这种收入的落差是每个人都会面临的，但不同在于是否能够平心静气地接受这种落差。面对未知的事情，谨慎者选择避让，无畏者选择一搏，选择后者的人才真的适合从事自由职业。

出现落差并不可怕，只要能够认清自己要做什么、想做什么、能做什么，然后坚持下去，分阶段实现自己的梦想，那么前路或许并不难走。

心态好是文小姐的特点，而这种好的心态一定程度上源于她出色的自我规划。或许这要归功于她曾经有8年图书编辑的经验，又或者是百度这种高强度的互联网工作带给她的有条理的工作习惯。

自由职业开始的第一天，文小姐并未如同大多数人一样，睡到日上三竿，尽情享受自己的自由生活，而是开始了另外一种形式的朝九晚五。她加入了一个写作打卡的群，开始跟一群人一起，每天如同上班一样打卡写作。这对于很多欠缺自我约束和时间管理能力的自由职业者而言，非常有借鉴意义。

因为群体活动会给你一定的约束，也会让你在开始从事自由职业之时，不至于松懈。只要坚持下去，这样的约束就会在潜移默化间形成习惯。

正因为有这种习惯，文小姐的自由职业之路起步平稳，算不上突出，但是也算可观。100天的时间，书写6万字，保持在简书平台和微信平台每天的更新，粉丝从无到有，再到突破千人。

诚然，这算不上什么了不起的开始，但是只要细心梳理、用心经营，它或许也会成为一个不错的开端。万事开头难，在所有的开始里，混乱、迷茫、低潮都不可避免，但只要形成体系，一切都会走上正轨。

对于这样的开始文小姐是满意的。很多知名企业家都提出过这样一个观点："看一个员工，一年是看不出什么的，你不能要求一个初入公司的人一年就能创造多么了不起的价值；但是如果三年过去了，这个员工依然不在状态，一事无成，那么他可能一辈子也就那样了。"

显然，文小姐并不属于这一种人。她从百度这种互联网龙头企业走出来，经过系统化的磨炼和规范的时间管理，原本公司给予的特质也会成为从事自由职业的推动力。

梳理经验，让规划成为习惯

在这份自由职业中，写作成为文小姐新的工作模式，但是她不局限于写作。在进入这种新的工作模式的同时，她不断地总结，也不断地分享经验。

第一章
原来这就是自由职业

她一点点整理自己的写作方法,开始免费和自己的受众分享写作的技巧和方法。她一共策划了十场线上免费分享,整个线上活动中有上万人参与分享。继而她发现这种知识和经验的传播实际上也是一个庞大的市场,因此开始做线下的有偿授课服务,效果竟然还不错。这是规划带给她的意外收获,对她而言这也是一场吸收知识和分享成果的双赢之路。

回顾整个自由职业的进阶之路,用文小姐自己的话说就是:"没有什么风花雪月,但是被我摸索出了一条'网红'升级之路。"

这种对于自我的规划除了包括对工作时间的规划和工作成果的规划,更重要的是一种心灵的规划。

一个曾经朝九晚五的上班族,开启了连续 100 天不需要赶地铁、没有时间约束、不用打卡考勤的自由生活,内心未必就如同放假一般轻松。因为伴随而来的是,她每个月再也收不到工资到账的银行提示短信,再也无法确定自己接下来是否能够依靠收入满足生活所需。

对于一个上有老下有小的已婚女性而言,这种失业的状态并不好受,实际上她需要一个系统的心理重塑过程才能将内心的惶恐和忐忑平复下来。

在整个的心理建设中,即便是如同文小姐一般积极向上的人也难免经历焦虑和忐忑。这种心情是一瞬间产生的。从辞职那一天开始,原本稳定的收入来源被切断。为了开始新的生活,文小姐必须投资自己,同时也要维持原本一些正常的开支。例如买电脑、例如自己交社保、自己重新办理档案的挂靠。

这种琐碎又消耗大量财力物力的事情,是每个自由职业者开始职业生涯时必须投入的，但是也让人感觉到一种惶恐和忐忑。因为看不到回报在哪儿，也不确定是否能够拿回回报。在离职的第一天，文小姐坚强的心实际上也产生过动摇，因为办理上面一系列琐碎的事情她就支出了两万多元。前途尚未知晓，钱却实实在在地花出去了。

还没有到达视金钱如粪土的豁达阶段，文小姐能做的也不过是迅速平复忐忑的心情，积极进行心理建设和自我暗示。

开始的自我怀疑和自我否定会将一部分自由职业者打垮，更很可笑的是，有些人在宣告自由没几个月，就再次投入上班族的行列中。原因就是无法承受这种焦虑。好在文小姐认清了一点：自由必须付出代价，唯有舍得付出，才能有所收获。

等待是有意义的，心理建设也是有意义的。自由职业的第二阶段或许就是收获的喜悦。唯有懂得知足和自我建设的人才能在这样等待的过程中收获快乐。当你慢慢放下心里的焦虑，自由职业的春天就开始到来了。

你慢慢感觉到自己可以支配自己的生活，九点钟打开电脑开始写作，十点钟给自己泡一杯咖啡，十一点钟开始考虑中午享受一顿怎样的美味午餐。在充满阳光的午后，打开一本很早就想读完却因为忙工作被遗忘在一边的书……

依然是有规律的生活，但是你开始为这种规律感到开心。这便是自由职业带给人的不同。人们恐怕不会为八点起床，九点上班，然后经过一天的忙碌，晚上八九点满身疲惫回到家而感到愉快，即便这样的生活是充实的。

但是你会因为自如地安排自由职业的时光，在有规律却不慌乱的日子中行进而感到愉快，即便依然每天工作八九个小时甚至更长的时间。因为这种愉悦源于心的自由，源于这充满规律的一天来自人的自由意志。

精神上的放松可以让人更加合理地规划自己的时间。你可以每天审视自己的生活，可以不断为自己的工作复盘。你拥有让自己改正错误、变得更好的权利。这种改正无关KPI（关键绩效指标），无关你的工资。

有序的自由让人放松，也让人在一种全新的思考模式下爆发灵感。对于文小姐而言，工作之时也曾用闲暇时光来写作，但真正写作的高峰期绝对是在从事自由职业之后。

所有的过程都是生命中最好的礼物

当所有的自我建设完成，开始感受到这份新的职业和新的生活方式带给你的欣喜之时，你会发现你曾经的所有经历都会成为生命中的意外之喜。

成长的每一步都不可或缺，所以过往的工作经历会成为你未来前进道路上最大的养分，指引你成长，带你去更远的地方。

对于文小姐而言，8年的图书编辑工作形成了她完整的写作体系。而在百度的运营经验，更是让她可以系统地评估自己作品的优缺点，进而进行数据分析，并逐步修正。

可以说在写作的专业和逻辑性上，过往的工作是她如今可以获得读者共鸣、文章得以快速传播的最大优势。唯有真正经过体系化的培训，才能学会在细节中检验工作，才能用严密的逻辑、独特的视角和

一个人就是一个团队
——自由职业的真相

具有新意的营销来发展用户，才能用互联网的运营思维面对这个时代的读者。

发现了工作中的内在逻辑共性的文小姐，开始利用自己过往的经验拓展自己的事业。她尝试和大的运营平台合作，推出自己的线上培训课程。她开始了从一个写作者到运营者的转变。

现在她的付费课程已经有超过 2 万的听众，每一堂付费课都能带来近万元的收益。对于未来，文小姐有自己的打算。从未被现实击垮的她，也并未被利益击昏。她保持每月一期的付费课程，在拥有稳定现金流的同时，保证自己的课堂质量。

她希望自己的写作课程可以成为一个品牌，而不是一个敛财的工具。她正奔跑在路上，未来还有无限可能，但无论发生什么，她都不会畏惧。

因为把事情做在前面，把所有的时间以一个个小目标串联起来，就不再需要恐慌。

从惶恐不安到从容面对，从"裸辞"到开展事业版图，在这奋斗的过程中文小姐发现了自己的无限可能。

现在她依然是每天 9 点开始工作，每晚一次复盘和总结。她体验着有规律的人生，也在自由中享受生活。对她而言，自由职业不过是换了一种生活方式，但是依然有迹可循，依然从容不迫，依然让人感恩。

第四节 给自己定一个小目标，或许赚一个亿也不难

王健林说过："最好先定一个能达到的小目标，比方说我先挣它一个亿。"这句话被无数网民调侃，"小目标"成为年度热词。调侃之人大多把这个"小目标"当作遥不可及的梦想，而有的人默默地实现了这个"小目标"。

蜜芽网的创始人刘楠就是后者。她创建的这个母婴类网站，上线不到10个月的时间，获得百万用户支持，2014年交易总额突破1亿元，半年时间获8000万美元融资，目前市值超过100亿元。

谁也不会想到这份成绩单来自一个全职妈妈，来自一个原本在外界看来"不务正业"的北京大学毕业生。

刘楠说："我从未想过会踏足这个行业，但是可能我的性格决定了必将走上这条创业之路。"

纵观她的成长轨迹，我们就能懂得她这句话背后的深意。

对外界的好奇，成就勇敢的自己

刘楠出身于书香门第，是个陕西女娃。她骨子里既有来自父母的知性，也有陕北这片土地给予她的韧劲。2002年，刘楠以陕西省文科高考第三名的优异成绩考入北京大学新闻学院。

一个人就是一个团队
——自由职业的真相

爱折腾、肯尝试一直是刘楠身上的特色，进了大学她也是如此。当她开始在新闻学院学习，一时想到在北大竟然没有学生组织的通讯社，于是向学校提出倡议，要组建北大新传社。

对于一腔热血的刘楠而言，"铁肩担道义，妙笔著文章"就是她的人生格言，她也是如此践行的。采访农民工、组织18所高校的摄影摄像大赛、担任《北大青年》的主笔……这"开挂"的人生背后有刘楠的坚持和努力。

当然，付出就有回报。刘楠因此在北大成为小有名气的"红人"，大学毕业那年还获得了南方报业集团颁发的"全国新闻奖学金"特等奖。时至今日，十年过去了，她依然是这个奖项的唯一一个本科生获得者。其后她又留校读完了研究生。新闻专业的研修让她取得了一些成就感，因为那些有血有肉的报道帮助她了解这个世界的不同方面。但是她又隐隐有些不满，总觉得只是报道客观事实还不够。

"我隐隐感觉自己心中涌动着决策的欲望，或许我该改变自己。"在经过短暂的互联网洗礼——刘楠曾到百度实习过之后，她选择到陶氏化学当一名管培生。

对于这段外企的经历，刘楠曾在一次采访中这样说笑道："那时候的我每天都很忙碌，早上给自己化一个精致的妆容，踏着高跟鞋，从我简陋的小出租屋里去赶7点钟的地铁。然后出入某个五星级的酒店，跟所谓的高端人士觥筹交错……自己还有点儿扬扬自得，我觉得这样很危险。"

陶氏化学是世界五百强之一，管理体系完善，对于很多刚刚毕业的学生来说是非常好的公司。刘楠在这样的环境中游刃有余，在所有管培生中是升职最快的。但是在一个完善的体系中，每个人都只是一个小的零件，你做得再完美，也不过是部件的完美。这里显然不适合野心勃勃的刘楠，"不折腾就不能活"，但是要怎么折腾，这时候的刘楠似乎还没有想好。

偶然的机会，必然的选择

有时候机会是需要等待的，灵感也是需要等待的。正值迷茫期的刘楠，因为怀孕不得不放慢自己的脚步。

"回归家庭，放空自己"，2010年刘楠怀孕后做出了这样一个决定。而她跟蜜芽的缘分也自此展开了。

对于准妈妈而言，孩子就代表着整个世界，对这个新生命的来临，她们总是充满了期待。刘楠也不例外。她开始给孩子准备各种用品：待产包、奶瓶、奶粉……但是此时，三鹿奶粉造成的国产儿童食品信任危机刚刚过去两年，人们对于国产品牌的信任度大打折扣。通过海淘、代购等方式为孩子置办母婴用品成为很多妈妈们的选择，刘楠也是如此。

究竟哪一种产品好用？哪种产品对于孩子而言完全无害？作为一个完美主义者，刘楠开始了自己新的研究——对母婴产品的研究。获取知识的途径是多样的，有各种妈妈论坛、网上或者书上的资料，刘楠甚至直接写信到相关产品的官网让其证明产品的成分。很快，一向担任领导角色的刘楠在妈妈群体里也成为有话语权的"专家"。

因为刘楠不仅仅是在帮自己选择，所以分门别类地列好了清单。对于每一样产品她从品牌比较、材质比较、质量标准、性价比等多

一个人就是一个团队
——自由职业的真相

个方向做出了横向和纵向的表格分析，俨然已经是母婴用品的专家了。

得到广大妈妈群体的认可，自己又正好赋闲在家，刘楠就想："为什么我不开一家店，让妈妈们购买正品行货呢？"

这是一个千载难逢的机会，当时国内的跨境电商尚未发展，妈妈们购买国外品牌只能通过代理商或者海淘的方式进行。行货和水货掺杂在一起，即便是购买了符合标准的国外产品，妈妈们依然无法完全放心。

对于刘楠来说这无疑是最好的时机，她在妈妈群体中有威信和号召力，这批妈妈就是她最原始的客源。而因为自身需求购买行货，她对于购买正品的进货渠道也有认识。母婴市场是需要顾客忠诚度和品牌信任度的市场，因为它的受众永远集中在家有新生儿的顾客身上，孩子三岁左右父母可能就已经不是母婴市场的客户了。因此将妈妈们的关注和信任度转化为母婴网站的流量和购买量是刘楠首先要做的。

她的初始定位是淘宝电商，从销售正品花王纸尿裤开始。为了拿到花王的代理权，刘楠的"死磕"精神再次发作。当时花王的北京代理权在一商集团手上，刘楠单枪匹马地去洽谈，但是相关负责人始终避而不见。于是刘楠每天开车去公司楼下等，终于用自己的坚持感动了代理商，成功说服其将经销权给了刘楠。

自此，蜜芽宝贝正式上线。通过妈妈们的口耳相传，这家淘宝店如同刘楠一直以来开挂的人生一样，上线两年销售额就突破了3000万元，做到了四皇冠店。

成功背后的辛酸只有刘楠自己知道：搬货、打包、发货，所有的环节都要亲力亲为。特别是在北京的冬天，仓库里没有供暖，那种寒冷可想而知。但是忙起来这些艰辛都不算什么，忙就是希望，就是鼓励。

闲不住、爱折腾的刘楠并没有享受多久全职妈妈的亲子时光，事业如火如荼地开展，女儿当时才1岁多，这个女强人再次将自己的精力奉献给了事业。刘楠的妈妈曾经调侃刘楠："你北大毕业，还是高考的全省第三名，现在当全职妈妈、开淘宝店，简直是浪费国家的教育资源。"

刘楠却说自己这时是充实快乐的，这对她而言是很轻松的时光，也是她找寻自我的过程。

华丽转身，目标就在眼前

营收逆天、名气十足的"蜜芽宝贝"注定不会只是一个小小的淘宝店。众多投资人发现了这块诱人的蛋糕，跟刘楠接洽，希望能够收购蜜芽。

自己发展还是把公司高价卖出去？这成了摆在刘楠面前的难题。而且刘楠也想知道自己如果更加认真地将这份"找寻自我的消遣"当作事业去努力，自己能够做到什么程度。

这时她想到了自己的校友——徐小平。徐小平是著名的天使投资人，是新东方的联合创始人。通过校友会，刘楠拿到了徐小平的联系方式，抱着试试看的心态，她给徐小平发了一条短信："徐老师，我是一个北大的毕业生，但我现在在开淘宝店。我的销售额已经有3000万

一个人就是一个团队
——自由职业的真相

元了，但我非常不快乐。我听说您是青年的心灵导师，我是一个陷入心灵困惑的青年，您有时间开导一下我吗？"

这条充满戏剧冲突的短信引起了徐小平的注意，他约刘楠去他家面谈。和徐小平畅谈三个小时，刘楠受益匪浅。徐小平问："你觉得你有能力，你想要做什么？"她表明自己想要做"最好的母婴产品"。徐小平说："那你就大胆地去做，我投资给你。"从淘宝电商到垂直网站CEO（首席执行官），徐小平无疑是刘楠的伯乐。

2013年到2014年，是蜜芽飞速发展的一年。真格基金、险峰华兴风险为蜜芽宝贝带来超过1000万元的A轮融资；蜜芽宝贝作为母婴品牌限时特卖商城正式上线，完成了二三轮融资共8000万美元。

资金充足、营销业绩出众，同时又遇上国家放开二孩的政策红利，蜜芽宝贝的一切似乎都顺风顺水。但机遇也是挑战。母婴市场这块大蛋糕被越来越多人注意到，跨境电商开始风生水起，各种母婴电商网站崛起。摆在刘楠面前的挑战越来越多。

面对这一切，刘楠说："我们不去追风，我们等风来。"这份淡定和从容是基于刘楠对自己的自信，也是对蜜芽的自信。

"我想生活在一个自己想生活的世界里，但等不及这个世界到来，所以我自己去创造。"这是刘楠对于自己这场创业的诠释。

她从来不喜欢媒体定义的"从全职妈妈到百亿CEO"的头衔，更不喜欢每次创业论坛上主持人"你如何平衡家庭与工作"的提问。她认为这样的噱头太过苍白，她的努力、挣扎、辛酸都被覆盖了。

如今"等风来"的刘楠又站了出来，站在了公众的视野中。这次她说她要还原一个真实的自主创业的刘楠，不是全职妈妈的逆袭，不

第一章
原来这就是自由职业

是带着女强人光环的刘楠。

或许这是蜜芽一次以 CEO 为主导的品牌战,或许这真的只是一个单纯的自我剖白。真相如何,只有刘楠自己知道。但我们可以真切看到的是,自由职业也可以实现大发展,只要你敢想,只要你敢做。

第二章

自由撰稿人：书写自己的曲折人生

第一节　开始：理想很丰满，现实很骨感

"雾里看花，水中望月。"梦想总是在遥不可及的时候才闪闪发光，当进入实际的生活中，你会发现它远没有你想象中那么简单。

很酷的选择，也可以变得很残酷

人们选择从事自由职业，其中很重要的原因在于"自由"，其次才是职业。顾名思义，人们讨厌稳定的工作，也正是因为厌倦了朝九晚五、一下子看到尽头的工作。

有个做足球评论员的朋友讲过这样一个故事：

他大学毕业之后，在父母的帮助下，找了一个事业单位的"铁饭碗"。他一开始觉得这样没什么不好。但是真正让他下定决心逃离的其实是很简单的一件事。

有一天，单位新来了一个小姑娘，作为带她的前辈，他要负责陪她去搬她办公要用的桌椅板凳。在储物间，这姑娘愣是敲敲打打快一个小时，还没选好桌椅。他当时就奇怪地问："不就是桌子椅子嘛，用得着选得这么认真吗？"

但是姑娘的一句话就让他惊呆了："大哥，我怎么能不认真？我接下来四五十年可能都要跟它们在一起工作了。"

一个人就是一个团队
——自由职业的真相

当下好像冬天里一盆刺骨的冷水泼到了他的身上，把他浇了个透心凉。他心想："凭什么年纪轻轻就把以后四十年的人生看穿了？我何必这么憋屈自己？"所以，他第二天就辞职了，开始了体育撰稿人的工作。

他的人生或许并不值得所有人效仿，因为即便崇尚自由职业，也绝对不会成为人们诟病稳定生活的理由。但不得不说，所有看上去决绝和酷炫的自由大都有个这样微小却又让人信服的理由。

但离开安稳之后，是否真的能够如同自己想象那般活得那么酷炫呢？其实未必。随着离去，你面对的问题也接踵而至。例如，你要通过什么渠道去找新的生计，你需要多久才能拿到第一份工资，又或者你能否在日渐枯燥的写作和渐趋枯竭的灵感中寻找到突破瓶颈的方式？

自由职业的初始必定是经受困难多于享受自由的，至于周期有多长，这取决于个人的能力、机会、决心等因素。但是这种不确定性是合理的，没有任何一个职业能保证一个人一辈子安稳，更没有任何一个职业可以保证永远阳光灿烂。

历经九九八十一难，成就无所不能的自己

困难永远比想象的多，但是解决的方法也永远比想象的多。解决所有问题的关键在于首先我们得直面困难。

2011年，在上海工作的吉姆离开了工作四年的公司，开启了他的自由职业生涯。这位曾经在外企打拼的高级白领开始了如同个体小商贩一样的打零工的生涯。

"想想那几年，我就好像是那些在劳务市场等着揽活的泥瓦工一样，寻找小广告上招工的机会，等着包工头来挑选。只不过他们是一群人在劳务市场，而我是在有着上亿人的网络市场上。"回想起最初开始自由职业的那几年，吉姆这样回忆道。

寻找客户、维持生活，这是每个自由职业者的必经之路。或许每个人都有过雄心壮志，高喊着"我不属于任何一家公司，但是我能服务好任何一家公司"。但是现实可能是并没有公司了解你的能力，也没有公司需要你的服务。

你可能面临的第二种窘境就是即便你有客户，也可能同时丧失另外一些客户。在全新的甲乙方市场上，你一定程度上变成了强势的乙方。这或许是一部分自由职业者选择这份边缘化职业的原因。你可以选择客户，意味着你也可能失去一些客户。

吉姆是做网页设计出身，在很大程度上他离开公司的一大理由就是不得不面对公司为他挑选的愚蠢而又苛刻的客户。但是当离开了公司的规划，他自己创业之后才发现，找客户难，找自己喜欢的客户难，找自己喜欢而又喜欢自己的客户更是难上加难。

"我现在有时候感觉自己不是做设计的，是开幼儿园的。"吉姆吐槽。之前在公司遇到的客户再傻，中间还有销售顾问去帮忙协调，充当润滑剂，但现在吉姆只有自己，必须直面客户。

"或在本质上我跟过去差别也不大，生气的时候我就想'老子不干你这活了'，但是想到这笔单子的金额，想到下个月房租，我还是忍了下来。"吉姆说。

由此可见，认为自由职业者更有尊严、自由职业者更加洒脱自由，不过是相对而言。顾客就是上帝是所有行业的规则，而且无论是甲方或者乙方，在这个时代都面临着双向选择。你可以选择强硬，我也可以选择放弃你。当然选择的双向或者多向同时也意味着更多的机会。

经过了没有客源的初始阶段，吉姆面临着新的困惑。他在各类设计招标网站上找客户，竞标各种设计方案，并进一步跟进项目，看起来一切都步上了正轨。但同时问题也来了，正如客户无法完全分辨你是否靠谱一样，你也无法判断客户是否可信。

在一家知名智库平台上，吉姆接到一个公司网站设计的大单，说好6万元钱，一个月完成最终测评交付。但是当网站上线运营，所有测评交付之后，吉姆依然只有对方交付的3000元定金，尾款迟迟未付。

多次追讨、多次电话联络，对方已经关机、无回应、失联。无奈之下，吉姆只能找到这家公司讨个说法，但对方的回应是他们已经付了全部费用给代理公司，吉姆的协议不是同他们签订的，在他们这里没有法律效应。

第一次接大单便遇到了中介诈骗，诉说无门，维权也找不到出路。6万元钱，给吉姆上了印象深刻的一堂课。

没有了公司的保护、没有了一层层的审核，这样简单明了的劳资关系看似风光的背后，有着无数如同吉姆一样的苦主，无处诉说其中的艰辛。

知识技术的共享时代，除了供需双方，还有无数钻空子的投机分子。这让人无可奈何，正如互联网时代带给我们庞大又丰富的内容共享的同时，也强迫我们必须去甄别这些内容的优劣。除了提升自我的辨别能力，别无他法。

第二章
自由撰稿人：书写自己的曲折人生

选择自由意味着一定程度上选择无序，选择进入有更多陷阱和诱惑的丛林。人才的利用率在这个时代得以提升，展现自我才华的舞台越来越大。所以即便挫折重重，大部分自由职业者依然喜爱这种共享知识的自由模式，甚至在越挫越勇之中有些飘飘然，以为自己坚不可摧、无所不能。

拥有自由并不等于拥有了全部。得到任何一种自由都要付出一定的代价。别因为挫折低估了自己，但是也不要扬扬自得，高估了自己。

迈过初创期、走过懵懂的初始阶段，自我积累了一定的老客户，也开始有了固定收入。但同时问题来了：他永远无法预料他的客户什么时候需要他，或许半年都不需要，或许需要都一起来。外贸行业有句话叫："一顿管三年。"这是形容这个行业的不稳定，可能因为金融危机、经济不景气半年都没有一个订单；但也可能一个订单几千万元，轻松搞定一年几十万元的提成。

但对于吉姆来说，他是设计人员，不是销售，很难同时兼顾多个项目。当三个熟悉的老客户同时找过来，都是下个月必须交付的活儿，如果不想失信于人，就只能放弃其中两个。

无论是硬着头皮接下，或者果敢地放弃，都有着他不愿承受的后果：硬着头皮接下，如果不能完成，导致自己诚信降低，如果侥幸完成，质量上可能也大打折扣；但是如果不接，他们的合作关系或许就到此为止了。

这是发展到一定阶段的自由职业者会面临的问题，而解决的出路无非两种：一是凭借超高的情商和毅力，说服他们稍微把时间错开；二是拓展自己的业务，让自己也变成中介，找人一起帮忙完成项目。

你的光鲜无人懂，别人只当你是异类

在整个时代被共享经济的洪流覆盖之前，自由职业在很大程度上并没有那么让人神往。除了这其中存在的诸多隐患和诟病之外。更多的是整个社会对于这个行业的不理解。

哪怕身处信息最开放、思想最为包容的一线城市，你以为自己踏上了一条时尚酷炫的改变之路，但在父辈们眼中，或许你的职业无异于社会盲流。

"他们什么都不懂，别人问起我就说我是自己开公司的。"在北京工作的小镇青年周小旭如是说。当他离开公司，开始一个人接活儿的时候，他无法向父母解释自己是做什么的。

原本还没什么，因为自己认为职业不分贵贱，更何况那是他自己神往已久的职业。但是当过年回家时，亲戚跟父母问起来："小旭在北京是做什么工作的呀？"父母闪烁其词，吞吞吐吐地解释道："没啥，他就是个小公司职员。"那一刻周小旭从父母身上感受到一种类似羞愧丢脸的情绪，他才知道原来自己梦想的这份职业在家人看来是那么"难以启齿"。

索性之后统一口径，有人问起，父母就说："他自己开个小公司，还在创业阶段。"这样亲戚往往都会接一句："不错呀，小旭有出息。"既掩盖了尴尬，又用另一种方式诚实地解释了自己的职业。

确实如此，自由职业在大城市中已经司空见惯，但是在信息相对闭塞的小城市、在思想相对传统的长辈们眼中，你根本无从解释自己的这份职业。你不可能面对别人随口的关心侃侃而谈自由职业的真正

第二章
自由撰稿人：书写自己的曲折人生

内涵，更不可能晒出银行流水单向大家证明你其实不是"无业游民"。

对于周小旭这类青年而言，幸运的是一年回家乡不过几天的时间，尴尬过了也就过了。但是如果你本身就在二三线城市，在自己家中从事自由职业，或许你承受的社会压力要更大。

27岁的牧小皮同学，因为考研选择了辞职回家复习。但这并不意味着她就此过上了"啃老"的生活。她就是利用在家的时间通过自由撰稿的方式获取生活来源。

这原本是一举两得的事情，既可以自由支配复习的时间，又可以用一种更加愉悦的方式养活自己。但是这个过程中她却承受了无数的压力和异样的眼光。已经到了恨嫁年龄的她，经常要面对父母这样的唉声叹气："你看你，现在什么都定不下来，工作也不稳定。隔壁王叔叔和李阿姨一直想帮你介绍对象，我们都不好意思答应。"

这样的埋怨不胜枚举：工作不稳定，不好找对象；职业不方便对外说；未来没有保障……

但现实真的如同父母亲人眼中那般不堪吗？其实不然，小皮一年有至少三本书出版，每本稿费收入三万元左右，平均算下来，月收入8000元以上，这在二三线城市已经是非常可观的收入了。即便如此，她依然是父母眼中"不务正业的天真小青年"。

从事自由职业，不仅要有过硬的专业技能、出色的情商，更要有坚不可摧的承受力。如果不强大到足以面对外界异样的眼光，或许在这条荆棘丛生的自由之路上，你尚未遇到遍地繁花就已经悄悄地死去了。

所有踏上这条道路的人都不可避免地经历过动荡不安、收入不稳定、打击不断的过程，但是这些都不是最可怕的。最可怕的是在这条充满热血和激情的道路上，当所有的激情退却，你该走向何处。

很多从事自由职业的人，在一开始都不太敢想象未来，因为你无法想象自己到了四十岁、五十岁，依然在编程、在赶稿，如同二十多岁时一样，匆忙劳累地活着。

自由职业的生涯中，迈过开始的困境，就不可避免地迎来对未来的担忧。但是无须太过惶恐，因为你永远无法想象自己长大的样子、世故的样子、苍老的样子、完全豁然的样子，因为这些都属于未知，在遥不可及的未来。

请相信，当每一个让人焦虑的未来变成了当下，它不再是如同怪兽一般的东西，你身上总有一把钥匙帮你打开大门。所有的当下、所有的未来，最终都会在某个时刻变成云淡风轻的过去，成为你记忆中闪闪发亮的一部分。

理想很丰满，现实很骨感。自由职业的生涯中也有四季的轮回交替，即便这一刻你身处寒冬，但请记住，蛰伏过这个季节，你就将迎来职业道路上的春暖花开。

第二节 发展：不怕低收入，坚持就能看到曙光

所有的事情都是由量变开始，经过一定的积累才能达到质变。在这样积累的过程中必然是充满艰辛和苦楚的，但也是正是因为这些苦

楚，最终的胜利果实才显得甜蜜。

从事自由撰稿人之初，每个人或许会经历种种艰难：稿费拖欠、遇到不靠谱的出版社、遭遇骗子、长时间没有稿子接……问题层出不穷，每一种都可能成为你放弃的理由。但是只要你克服了这一切，或许就会迎来黑暗过后的曙光。

自由撰稿人在不同的群体里有着不同的观感：在年长的固执老人家眼中，你或许就是窝在家里不务正业的败家子；在社会新人类的眼中你或许就是人生赢家，从事高收入和高幸福感的职业。

无论是哪一种看法，其实都只看到了冰山一角。在这个行业内，赚得盆满钵满的人有之，日子捉襟见肘的也有之。

赚得盆满钵满的自不必说，每个人都可以举出大把例子，例如一直排在作家财富排行榜前列的郭敬明和郑渊洁，因为网络文学收入让人望尘莫及的唐家三少和江南。

荣耀也罢，苦难也好，其中不变的规律就是在这条自己选择的道路上坚持下来，最终会收获自己想要的名利或者情操。

毕业于江西某所二流大学的杜同学，既没有很高的学历背景，在学校里也没学到什么了不起的专业技能。但是他热爱写作、小有才气，不改初衷，没有如同大部分同学一样，找工作、进公司，而是在学校旁边租了个二十多平的小单间，开始了自己自由撰稿人的生涯。

这段经历的开始并不容易，单纯的撰稿收入经常朝不保夕。而且非常现实的一个问题是——他的稿费是浮动的，但他的房租是固定的。作为一个自由撰稿多年、有一定口碑的写手，杜同学自律性强、效率高，一般的社科书编纂，他一个月就能完成两本。看上去收入很稳定

一个人就是一个团队
——自由职业的真相

很可观。

只是现实总是比看上去要更加辛苦一些。在自由撰稿人这个行业里，很多稿费并不是交稿现付的，而是完稿后支付一半，图书出版后才付尾款。这就意味着他的每本书稿稿费都需要一个漫长的等待期。

于是，为了能够维持生活，杜同学只能选择做兼职图书编辑，接一些日结或者月结的短稿。

杜同学的经历是现在很多市场上的自由写手的真实写照。不同于一般被误解的自由职业者，这类的书稿作者至少有书出版。在外人看来，也算小有成就的作家了。

但事实上，抛开局外人的客套、谄媚，在自由职业者的市场上，写手是一个非常弱势的群体：这个群体往往对接的是出版社或者图书工作社，如果是图书工作室还会从中抽取一部分佣金。关于稿费，一般也采取两种方式——一次性买断或者版权制。一次性买断稿费多集中每千字 30~100 元，这也是大部分写手的结算方式；部分特别优秀的写手走版权制的或许收益更可观一些，但是必须为图书的发行量负责。

问题远不只如此，他还要面对不靠谱的图书工作室和无良的出版商。很多协议不过是个心理安慰，实际上根本起不到任何效用，稿费拖欠一年、两年甚至最后没有回音都是常见的事情。

在这个电子书刊泛滥、写作者缺乏保护和尊重、作者准入门槛低的年代，靠写作为生显然已经不是一笔划算的买卖。大部分坚持在路上的人多是凭着心中的文学梦和热情。可是梦想不能当饭吃，反而会让人陷入窘境。

杜同学最终离开了这个行业，因为日子实在过得太苦了。这种苦

第二章

自由撰稿人：书写自己的曲折人生

是精神和生活上的双重折磨。为了提高自己的营收，杜同学的写手中介买卖慢慢拓展成了图书工作室。开始的时候他也是雄心勃勃。跟自己志同道合的一群人做自己喜欢的事情，这确实是很多人梦想的状态。

他经常在自己的写手群里跟大家联络感情、交流经验，确实付出是有回报的，他培养的这批写手黏性强、写作水平高，每年除了自己至少出六本书外，他参与策划完成的图书还有近二十本，全部由群里的写手完成。

只是发展带来了问题：为了能够让写手们不吃亏，他总是替出版社垫付写手的稿费，于是导致自己原本赚钱的买卖越来越捉襟见肘。更有甚者，倒霉的时候出版社耍赖不给稿费，他就默默地自己承担了。因为同为写手，他理解这个群体的难处，不愿意让其他写手吃亏，只能有苦自己吞。

曾经问到他："你当写手，一年能赚多少钱？"他说："至少二十万元，只是这个收入是否能拿到手，取决于出版社结算稿费的速度。"最终，杜同学因为垫付太多，放弃了自己的图书工作室，也跟其他人一样，离开家乡来到一线城市，重新开始朝九晚五的生活。

从写手开始，厚积薄发，成为青年作者，一步步向着作家迈进。这或许才是写手们期待的自由职业之路。或者不会为自己定下什么要成为"作家"的目标，因为大部分的书写只是源于内心的热爱，并没有那么强的企图心和功利心。但可以肯定的是，多数人依然希望自己的坚持可以结出硕果，而不是夭折在半路上。

但坚持并不意味着一定要一条道走到黑，也不意味着不撞南墙不回头。这样的坚持只能说是一种偏执，不能称之为真正的坚持。真正的坚持应该是大方向不变，始终向着远方的目标行进，但根据路途中的实际境遇，随时调整小目标，为了更加顺畅地到达终点而调整方向。

正如航行在大海上的船，你知道终点在远方的码头，但是海上风浪不断，舵手必须时刻保持警惕，不断调整船的方向，才有可能最终到达终点。如若不管不顾，只一心向着目的地行进，或许就会遭遇翻船的危险。

杜同学的暂时放弃，实际上就意味着他已经在自由创业这条路上翻了船。这是很多刚毕业的大学生创业时会遇到的普遍现象：经验不足、财力不足、承受力不够，所以创业多以失败告终。因此，在很多的演讲中，马云、王石等知名企业家都曾经提到这样的观点："年轻人应该先去企业历练几年再去创业。"当你的专业技能够成熟、逻辑思维更缜密、生活阅历更丰富的时候，创业才不会那么艰难。

消失了一段时间的杜同学又回来了。让人惊讶的是，短短两年的时间，他已经经历了结婚、生子、工作、辞职、再创业的整个轮回。对于情感生活，他只简单地说了几个字："我遇到了一个心爱的女人，所以就顺其自然，跟她过上了柴米油盐的日子。"而对于新的工作，他则很有感触地说："我经历了整个价值观的重建，经历了职业生涯的重新洗礼。"

所有的创业都是如此，我们会经历无数的坑、无数看起来迈不过去的坎，甚至以为当我们在岔路上走散了，就再也无法走回当初的那条路。其实不然，所有的过程、所有的转折都是为了最终的结果服务，只要你心中的终点还在。

开始工作的杜同学先到了深圳的一个商会工作，在这里他充分发挥自己的特长，给企业家写传记，同时也策划一些访谈节目、论坛。社会组织是一个平台广、资源多、做事杂的地方。所以在这里的工作对杜同学而言充满了新鲜感和挑战。

当然努力是有成果的，他策划的《大商会》节目平均收视率有了突破；他帮助企业家进行私人定制式的传记服务拓展了商会的业务，也为商会带来每年 200 多万元的营收。

为了生活离开了原本热爱的自由撰稿行业，为了生活他又再次回到这个行业。或许说一定程度上他根本就没有离开。在商会积累了两年经验后，杜同学再出发，现在他又开始了自己的自由撰稿和图书出版的生意。不同的是这次他是老板而不是中介。

这场新的自由职业之旅中，他找到了投资人，也更加明确地知道要做什么——企业家收藏。新的征途开始，杜同学充满信心。

从超低收入、不稳定的生活到重回组织、积累财富和经验，再到重新出发再创业，杜同学的转折始于生活，终于理想，唯一不变的是内心的坚持。放手有时是为了更好的相守，坚持也从来不意味着"不撞南墙不回头"，而是向着目标以更加优雅的姿势迈进。

第三节　突破：你是自己的推销员，要学会寻找客户

这是一个自我推销的时代，假如说在公司里你还有市场部和销售部帮忙推销产品，在这个自由职业的世界里，你就是自己最好的推

一个人就是一个团队
——自由职业的真相

销员。

或许最初听到这样的观点你不以为然,因为你深信"酒香不怕巷子深"。但是在这个人才辈出的时代,当无数瓶好酒摆在面前,对于消费者而言,熟知的、了解的、信任的才是第一选择。

抛开固有观念,相信营销的力量

自我推销是整个时代的主旋律,不仅仅是对于自由职业,对于所有的社会生活都是如此。因为毕竟"自己的孩子总比别人家的好看"这种心态只有你的父母才有,在整个社会生活中,每个人都需要营销自己。

有一个小孩,还是个小学生,但是他每天都愁眉苦脸、唉声叹气的。问其原因,他说是因为感觉所有的朋友和老师都不理解他。

别人不明白小小年纪的他为何如此悲观。但是当他举例证明自己的境遇有多惨时,别人一下就明白了。他说在学校里,老师挑选礼仪队的成员,明明他也很有兴趣、很想参加,但是老师就是没选他。而且他说选上的同学根本不如他有天赋,他从小就会吹小号,不需要学习就可以适应礼仪队的乐手角色,而其他选上的同学都是菜鸟,要从头学起。

听上去好像是一件特别匪夷所思的事情,他本身有特长、又非常的有兴趣,老师为何会不选他呢?细谈下去才知道问题的关键——他并没有强烈表示出自己想要进入礼仪队的意愿。

这样事情就完全解释得通了。既然他从未向他的老师表现出自己的特长,也从未积极为自己争取这个机会,又有什么理由去怪罪老师

自由撰稿人：书写自己的曲折人生

并未选择他呢？

一件学生时代的小事，听上去稀松平常，但是却可能影响他整个性格的养成。我们在社会生活中同样经常听到这样的抱怨：明明我更有才华，但是却不被领导赏识；明明我做得比他好，但他升职加薪却比我快；明明我更加喜欢她，她选择的却是别人……

所有的抱怨在最后都会变成一种特别负能量的话——我真是倒霉，这世界对我特别不公平。

如此循环往复的内心抱怨积压是非常可怕的。它会形成一种扭曲的心态，让你将所有的挫折和不如意归咎于命运，却忘记了主宰自己命运的其实是你自己。

当然，这种偏执又负面的心态或许一定程度上受了那句看上去充满蛊惑力的话的侵害——是金子总会发光的。这句话本身没错，你身上所有的天赋和才华都不会消失，但是别人真的看得到吗？真的可以光芒万丈吗？或许未必，因为当金子埋在地底深处，即便它依然光芒耀眼，众人却是看不到的。

同样扭曲的心态让你除了埋怨命运的不公之外，还会将失败归结给竞争对手的狡诈。

之前在公司中工作的时候我有个同事就是这样。他经常说自己忍受够了这家公司，想要离开，但是又迟迟下不了决心。因为他说他不甘心，他这份工作是经过一层层选拔和激烈的竞争进来的，他也觉得公司发展前景不好。唯一让他不满的就是自己工作不得志，得不到领导的赏识。

这样的不甘来自于他跟同期进公司的一位女同事的对比：大家同

时被这家公司录取，工作都勤勤恳恳的，而且就他而言，感觉自己做得更多，付出得更多，同时在工作上也有更多的思考。领导却更加赏识另外那个女同事。工作五年后，女同事已经是部门的经理，他却依然是个小小的科员。

总结原因，他认为就一个——那个女同事"太装了"。何谓"装"呢？就是说这个女同事经常会"貌似"谦虚地去请教公司的前辈、领导一些问题，而且经常找机会将自己的一些想法和对公司的建议讲给部门的领导听，从而制造一种自己"热爱公司、对于公司建设特别有见地"的假象。

这是他的真实想法，在他的世界里，他跟自己这位曾经的同事、现在的上司唯一的不同就是他太实在。所以他经常在单位里语气很酸地感慨："我们这种人就是比不得某某某聪明，太不会做事了，就知道闷着头干活儿，所以领导才不喜欢。"

如果作为一个旁观者，冷静地来看待问题，我们就会发现这位怨天尤人的同事的遭遇其实四个字就可以概括——自作自受。当他自己从不表现，只在那儿闷头做事的时候，别人没有义务一定要去发现他的好；与此同时，有人才能不亚于他，又善于自我推销，从而得到领导赏识，也是理所当然的事情。有这样的结果，同事没有错，领导没有错，唯一有问题的是他自己。

如果上面不表达想法的同学和不表现自己的员工放到自由职业里，你便会发现这种性格是致命的。因为学生不争取错过的不过是一个表演的机会罢了；员工不争取不过在发展上受一些阻力，不至于危及生存；但是倘若一个自由职业者完全不懂推销自己，丝毫不表现自己，那么可能连生活都成问题。

对于自由职业者而言，你就是自己所有收入的来源，你就是自己业务的开辟者。倘如你无法告知客户你的优势，不积极争取这份交易，那么所有的收入来源都会就此断掉，所谓的自由职业也就只剩下捉襟见肘的"自由"了。

央视曾经有一档很红的节目也曾经标榜过"是金子总会发光"的理念，但当你真的了解这个节目你会发现，它实际上告诉你的是"是金子，告诉大家，别人才会看到你的光芒"。这个节目叫作《黄金100秒》，它给每位参与的嘉宾100秒的时间进行演说，在这100秒内让大家看到你的才华。这确实是一个展现才华的舞台，即便如此，也需要你的主动和推销。倘若这100秒的时间你是用来沉默的，或许它便不是"黄金100秒"，而是"黑暗100秒"了。

没有人是宇宙的中心，所以这世界上没有谁有义务去主动了解你、赏识你。与其相信"是金子总会发光"，不如相信"自己动手，丰衣足食"。你的光芒需要自己去点亮。

如何"吹尽黄沙始到金"

人们常说，吹尽黄沙始到金。前提是这堆黄沙里有金子，对于这点毋庸置疑。毫无才华的人，是不会选择自由职业的。重点在于如何"吹尽黄沙"。换言之，才华我们都有，但是如何推销才是重点。

当你意识到自我推销的重要性，想要去身体力行时，一定要注意自我推销的技巧，否则可能就弄巧成拙。

有位专家指出妨碍自我推销的三大误区：一是认为工作表现良好

代表有良好的工作声誉；二是在职场上认为客户或者上司会帮你推销个人品牌；三是认为自我推销的行为本身是恶劣的、不体面的。

相信通过上文的论述大家已经走出了这样的误区，不会再如此不作为地抵制自我推销。但是当你开始自我推销的时候，依然会有误区。

1. 急功近利

这是特别常见的一种错误推销方式。这种人就是生活中常见的话多、爱表现，却总是表现不到位，成为人们茶余饭后的笑料的人。中国是一个有着千年文化的礼仪之邦，虽然在新时代的背景下我们呼吁大家展现个性，但是也不能丢弃骨子里的谦逊美德。当你肆无忌惮地向众人展示自己的帅气、特别骄傲地炫富、毫不羞涩地显摆自己的人气时，这种推销会适得其反，让人抵触。

换一种简单的表达方式，你可以改变你的造型、气质，在众人面前亮相，从而得到别人关注的目光和赞赏。但不要直白地说："你看我穿了新裙子，我今天是不是很美？"

表现是有技巧的，推销也是有技巧的，我们不应该掩饰光芒，但是也不要踏入盲目推销的误区。

2. 误把价格当优势

价格战是一种常见的推销方式，但是价格战绝对不是一种高级的推销方式。我们常见的价格战有什么？"一块钱，买不了吃亏，买不了上当，统统只要一块钱……"大街上喇叭里的这种叫卖是价格战，但是这种叫卖永远不会为你带来高端的客户。

倘若你是一个高端家装的设计师，你给客户的推销应该是你成功的案例、你特殊的创意和你独一无二的环保家居选材，而不是在众多设计师中你是最便宜的。价格在自由职业中很大程度上并不代表用户的取向，品质才是最有吸引力的推销点。

但价格在一定程度上又是可以反映价值的。当别人1万元的案例方案在你这里只卖2000元的时候，客户考虑的或许不是捡到了一个大便宜，而是你的方案价值或许只值2000元。

3.跟风营销，缺乏创意

这是个讲求个性和创新的时代，传统的推销已经不再是这个时代的主流。倘若你依然活在"双十一巨惠""全城最低价"的固化营销模式里，你的推销或许杯水车薪。

特别是对自由职业者而言，很大程度上是在从事一种创意产业，如果从你的自我推销开始就充满了乏味、普通的感觉，在客户的观感里你的创意也不会具有多少新意。

避开自我营销的误区，是走向成功的第一步，继而我们需要掌握的就是自我营销的技巧。任何事情都是具有一定规律和操作诀窍的，自我营销也不例外。营销的高下决定了你最终结果的高下，这也就是为何有人能将梳子卖给和尚，有人跟一个口渴的人都推销不出去一瓶水。做自我营销有几个步骤：

1.营销的第一步，让人相信你的专业

哲学的方法论告诉我们任何事情都可以分为是什么、为什么、怎么做三个环节。营销同样如此，在推销自己的时候，首先要让别人知道你是谁。

当然这不意味着向客户历数家底，连七大姑八大姨都讲清楚，而是有重点地告知客户你的专业和特长。在所有的项目往来中，专业是

客户选择你的第一要素。首先客户要确定你可以完成他的任务，你们才有继续深入交谈的可能性。

2. 强调你的特殊性，无可替代才能吸引眼球

在竞争激烈的现代社会中，无可替代才能获得客户的青睐。举个例子，一个自主创业的活动策划，去跟一个公司讨论一个晚会的项目。如果你只能给出满大街都可以设计出的方案，他选择你的可能性微乎其微。

你的创意和特长都必须在这一刻闪现。例如你擅长文案营销，就要让别人看到你文案的亮点；如果你的美工独树一帜，那么就要让他被你的美工吸引。当然，提前做好功课，为客户制作一套私人定制的特殊方案，更是能够成为你制胜的法宝。

3. 全面和高效让你脱颖而出

短短十几分钟的见面，可能就会成为你一个项目成败的关键。在这样的过程中想要得到客户的青睐，必须事先做足功课。

"台上一分钟，台下十年功。"观众永远最喜欢有实力的表演者。客户同样如此，永远都会青睐把事情做在前面、更了解他需求的合作者。

假如在别人拿出一套方案的时候，你可以根据客户的需求给出A、B、C三套方案的选择，并历数三套方案对于客户的优势和劣势，或许你的周全和专业就会为你赢得最忠实的客户。

在这个合作越来越对等、市场越来越广阔、竞争也越来越激烈的时代，很多人在一定程度上都是自由职业者。因为很多人都具有双向选择、自由选择客户和合作者的权利。谁能够在广阔的市场中脱颖而

出,成为备受欢迎的宠儿？或许除了实力之外,依靠的还有你那张嘴。

没有开始就没有结果,没有自我的推销,合作就无从说起。所以学会自我推销,才能让你的自由职业生涯迈出发展的第一步。

4.口碑：保质保量,守时守信,让自己成为品牌

多元化的市场、多种多样的选择,给现代社会带来极大的便利。这也是自由职业诞生的条件之一,只是在机遇到来的同时,挑战同样无处不在。

正如互联网发展下的信息大爆炸给人们的影响,我们开始接收越来越多的信息,我们获取新闻的速度越来越快,每个人都可以成为信息的传播者。但与此同时,我们也越来越难判定信息的真假。标题党无处不在、吸引眼球的无良炒作无处不在,因此在此时权威就显现出了它的重要性。

这是当今信息化社会中党报纸媒、电视媒体依然存在的原因——有权威、够真实。同样这也是自由职业职场中的生存之道。唯有你成为品牌,才能立于不败之地。

学会取舍,是树立品牌的关键

很多时候我们在选择品牌的时候,并不是因为它有多好,而是因为它不坏。这其中最重要的一点就是标准化。

正如匆匆忙忙的都市白领,在上班前喜欢去肯德基和麦当劳买早餐,而不是随便在路边买东西吃的原因就在于肯德基或者麦当劳的质量和味道我们知道,而其他地方的味道我们需要冒险。

这便是品牌的价值,唯有你树立起自己的品牌,你才会成为所有

一个人就是一个团队
——自由职业的真相

人选择里的必要备选。否则你只能等待某个大胆的客户机缘巧合下的一次尝试，才能获得合作的机会。

品牌的树立实际上是一种让大众认知的过程。这也是无数企业每年消耗大量的资金用于广告费和品牌建设上的原因。

正因为有了品牌，我们才会一到北京，吃烤鸭就会想到全聚德；买金饰品就会想到老凤祥，喝牛奶就会想到三元，品牌跟企业是一荣俱荣、一损俱损的关系。同样这种唇齿相依的关系在自由职业者的个人品牌中同样重要。

我们的自由职业不可能如同全聚德、老凤祥一般有着百年的厚重历史；也不可能如同肯德基、麦当劳一般有着横跨全球的极致标准化。自由职业的品牌必定是个性化、风格化的东西。

因此在品牌的塑造上我们需要保持的就是个人风格的统一和水平之上的质量。

这就意味着我们不但不能走标准化道路，还要学会取舍。因为个性化必定不能满足大多人的需求，也不可能承接过多个人能力之外的业务。所以唯有舍得，才能保证质量。

广州的荔湾区有一家非常有名的潮汕菜馆，它设在一个车库的二楼。这家菜馆吸引人的原因除了个性化的店址和装潢之外，它对品质有着近乎变态的严苛要求。

它每天傍晚开始营业，一天只接待50桌客人，而且必须客人全部到来之后才能下单点菜。店主本身是个美食爱好者，他希望自己的每一道菜品都能够带给顾客味觉的享受。所以在食材的选择、上菜的时间、菜品的供应量上都有着自己一套严苛的标准。

甚至他们的菜单上细致到规定每桌客人必须按照人头点菜，如果超过规定的点菜数量，将不受理此单。而且这家店绝对不承接外卖业务，因为外卖运送过程会影响菜品的品质。

尽管有看上去已经可以称之为不通情理的规定，这里每天依然门庭若市，甚至有人为了能来吃上一顿，从上午就会来排队取号。

唯一的原因就是菜品真的足够好吃，而且店家这些貌似变态的规定也是保证菜品质量的最有力的措施。

首先，这家店的主厨只有一位，每晚50桌的接待量已经是极限，否则只能增加厨师，但是增加厨师就会让菜品的整体风格产生变化；其次，菜品要等人到齐才能下单，是为了保证每一位顾客吃到的都是新鲜出炉、热气腾腾、最能体现厨师水平的菜品；而规定点菜数量，则是一种过犹不及、恰到好处的智慧，与其让你毫无节制地吃撑了、吃腻了，不如让你念念不忘，那么必定会有回味。

其他的自由职业者也应该如此，唯有够节制才能保持质量，继而形成品牌。太过高估自己的实力、太过贪图客户的数量，可能让自己在过度赶工、用力奔跑的过程中丧失了原本的特色和品质。

信口雌黄，有时候只因过度高估自己

"明日复明日，明日何其多。"人人都会说这句话，人人也都知道守时守信的重要性，但是随着自由职业的发展，似乎人们也开始懈怠，直到没了信用，只剩自由。

拖延已经成为这个时代很多人的通病，特别是在一些脑力劳动者身上更加明显，例如设计师、编剧、撰稿人。但究其原因，有时候拖

一个人就是一个团队
——自由职业的真相

延症实际上是一种对自己的高估。

无须列举其他的例子,就笔者本身而言,对此事也深有体会。在从事自由撰稿人之初,我就曾做过这样的蠢事:

一本 15 万字的书稿,原本预计 40 天完成整体写作,前十天查找资料、规划写作提纲,后 30 天以每天 5000 字的速度即可完成书稿。

但是作为自由职业者,时间管理如若不过关,再好的规划都会化为乌有。当写作正式开始,我发现自己一天可以写一万多字时,就会想:"或许我不需要 30 天,十几天就可以完成这项工作。"

因此,当我写作中间有其他事情插入,我就开始一步步打破自己的计划,今天先进行这项工作,今天的 5000 字明天写也一样。一次又一次地打破计划,甚至当我发现距离交稿日还有三四天的时间,我却只完成了项目的三分之一时,依然会想:"只要我努力下,几天时间已经足够搞定了。"

结果可想而知,到了规定的时间,我并未如自己想象的那般搞定一切。在脑力劳动上,今天可以做出的超额任务并不能作为衡量一件工作的平均时效的标准。

当我把偶然的高效当作自己的平均水平之时,显然高估了自己。于是以此为借口,让自己一拖再拖,导致最后耽误了时间,也因此失去了客户的信任。

因此在自由职业上,时间的规划是及其重要的,从业者必须努力超出客户的预期,而不是让客户无尽地等待。例如在一个最需要和时间赛跑的行业——快递行业中,顺丰快递在时间管理上不但有效率,而且有技巧。

当我们咨询一个从武汉到广州的快递件发送时间时，一般顺丰公司给你的官方回答是："四天左右的时间会到。"但实际上从武汉到广州的快件，一般情况下发顺丰快递只需要两天就到了。

这其中有高效的原因，也有合理承诺的原因。因此在面对客户时，除了要守时保质之外，另外一个必备的技巧就是不要信口雌黄，要努力超出客户的心理预期。

唯有如此，客户才会有"我赚到了"的心态，而不是"跟你合作好累，下次再也不想合作"的心态。

第四节　才华不是张狂的理由，守时不是低劣的借口

人们常说："鱼和熊掌不可兼得。"在自由职业者的职业生涯中只能用这句话来勉励自己，却不能用这句话来忽悠客户。

唯有让客户感觉到"跟你合作，原来我可以一箭双雕，鱼和熊掌可以兼得"，你的品牌才有用户黏度。

很多有才华的人会给人这样一种蛊惑，在他们成名之后经常说："我很懒，一年可能连一个作品都出不来。"这样的话里透露着骄傲，甚至一定程度上在告诉大家："虽然我不守时，也不高产，但是我只要一开工就有无数的客户，我的一个项目就可以养活自己好几年。"

如此具有品牌黏性的人并不是没有，但是拥有这种黏性的人多数是艺术家、天赋异禀的天才。遗憾的是大部分人的才华尚未达到这个

高度。我们依然需要保持客户的活跃度，保持自己在客户面前的曝光度和保持自己的客户基数。

因此在发展的过程中就我们无法任性地一年只能出一个作品，更不用说"你想要找我只能按照我的步调来"。

在大多是自由职业者的职场中，我们都是乙方，是服务于客户的一方，所以必须在保证自己产品质量的同时高效地完成工作。

当整个市场都开始以"鱼和熊掌不可兼得"的态度忽悠客户时，你的保质保量、守时守信就会成为你最大的品牌竞争力。

第三章

自媒体运营：网络时代你是主宰

第三章
自媒体运营：网络时代你是主宰

第一节　市场：这是最好的时代

这是一个自我推销的时代，这是一个张扬个性的时代，在互联网时代，人人可以发声，一夜爆红不再是遥不可及的神话。正是在这样的大环境下，自媒体如雨后春笋般出现，或幽默诙谐，或深刻讽刺，或离奇搞怪。

人们开始以自己擅长的特有方式来为自己创造"IP（知识产权）"，吸引粉丝，并进一步形成自己的粉丝经济。从体制内走出的自媒体人越来越多，不过两三年的时间，自媒体已经成为时下媒体发展的一种新趋势。

这个新的行业、新的市场真的那么好混吗？这看似光鲜的自由职业是否真的前景无限？

诚然，关于自媒体创业成功的案例我们已经听了太多太多：papi酱获得1200万元融资，同道大叔卖掉公众号套现1.78亿元，咪蒙一篇广告软文50万元……仿佛自媒体成了新的"媒体梦"，如同19世纪的淘金潮一样，无数人涌入自媒体行业，希望在这里淘金，希望一夜暴富。

在任何行业取得成功的总是少数抓住机会的先行者，当自媒体由"蓝海"变为"红海"，无数人在竞争中败下阵来，只能对着别人的成功神话叹息。

一个人就是一个团队
——自由职业的真相

这是最好的时代

这个时代，人人都可以成为自媒体，只要你想，一个ID（指身份标识号或账号）就可以实现你的媒体梦、导演梦、主播梦。

青年导演李洪绸，或许这个名字并不算出名，但很多人都看过他的《毛骗》《麻辣隔壁》《大学生同居那些事儿》。从中学时期，李洪绸就热衷于小说创作，曾先后出版过多本小说。而大学时他就读于河北传媒学院，进行专业系统的学习。

这是一个从年轻时起就有导演梦的人，所以人生的轨迹每一步都是按照自己预想的方向在走。当然，李洪绸是有才华的，否则即便进行了专业学习也未必能够从每年上万的传媒系学生中脱颖而出。他在大学时期和同学组成影视社，一群有梦想的年轻人聚在一起，每个人都是编剧、导演、制片、剪辑、演员……身兼数职但干劲十足。大学时期出品的《毛骗》一度进入百度贴吧内地电视剧点击率的前十名。

对于这部作品，李洪绸骄傲地说："和张纪中、于正一起竞争，我也没有输。"

低成本、简单制作、全部都是无经验的学生出演，第一次拍片甚至用的是普通的小DV，但是李洪绸赢了。2008年李洪绸从河北传媒学院毕业后组建了自己的工作室——优优工作室，整个团队一共11个人，几乎都是他大学时期一起奋斗的小伙伴。李洪绸说："硬件不重要，人少没关系。"

作品的广泛传播和点击率给了他信心，在这个文化多元化的时代他才能够拥有底气。优酷推出原创作者奖励计划，对广告实行三七分成,李洪绸一个月就拿了7万元。

如同李洪绸这般走上成功之路的自媒体人有很多,总结他们成功的经验,可以发现一个惊人的共同点——专业过硬。

李洪绸自幼写书,后来读了传媒学院,本身就是编剧专业的他成为导演无可厚非。而无数所谓的网络大V,例如咪蒙、papi酱等人都从传统媒体中走出来,有着系统的学习和工作经验,对于他们而言,从传统媒体到新媒体不过是转变了一种载体和思路。

当然,并不是所有的自媒体人都要科班出身,互联网的宽容性就在于"英雄不问出处"。但专业一定会成为创业路上的助力,同样,天赋、资源亦如是。

每天10点20分推送内容的少女心公众号胡辛束,成功秘诀则在于保持"少女心"的风格、定时推送以及原本就积累的漫画粉丝、图书粉丝。对于她的很多阅读者而言,他们不过换了一种载体来欣赏自己喜欢的作家、漫画家的作品。

在这个时代里,创业似乎变成了一件更加科学和公平的事情。只要你够专业、有才华、肯努力,似乎成功并不是件特别难的事情。

这是竞争最激烈的时代

在这个时代,会表现、有才华的人太多太多,你的用力表演或许会成为这汪洋大海中的一个小水滴,连波浪都掀不起来。

当所有人被咪蒙的"鸡汤"洗脑,当无数投身自媒体行业的人被papi酱、同道大叔的巨额融资鼓舞的时候,你看不到的是这些光芒背后无数已经倒在路上的自媒体人们。

一个人就是一个团队
——自由职业的真相

在人人都是梦想家、人人都能当自媒体的时代，有无限的可能，但同样挑战也会不期而遇。自媒体的蓝海时代已经过去，当不了"第一个吃螃蟹的人"，或许就只能在自媒体的红海中被淹没。

网络主播要持证上岗、微信增强对原创的保护、部分公众号开始收费、广电总局提高网剧审核标准……自媒体野蛮生长已经是明日黄花，如今的自媒体如同所有行业一样，没有规矩，不成方圆。

"能力越大，责任越大。"同样，市场越大，风险也越大。竞争有时会让人冲昏头脑，剑走偏锋，从而踏上一条不归路。

有些网红以整容后的形象走红网络，但是有人红了，被粉丝追捧；有人红了，备受唾弃。

我们无法断定靠整容走红的网红背后是否有公关公司在炒作运营，却可以断定这些年轻人已经"病入膏肓"——在被人唾骂和满口谎言的世界里寻找存在感绝非一种正常行为。

整容没错，自信也没错。但如果这一切的出发点都是为了在这个网络时代吸引流量，那么心态或许就走偏了。

张扬个性可以，但触犯道德底线，颠倒是非黑白，以哗众取宠的方式来营销自己，或许除了让人唾弃再也留不下什么。"黑粉也是粉"的心态，无疑是思想的毒瘤。

当然，属于自媒体时代的雷区何止自黑、卖丑和出格言论，即便出发点是善良的，在网络时代，也可能产生不良的后果。

一夜成名、一夜暴富在这个时代不再是天方夜谭。但凡事都有两面，你永远不知道在舆论洪流中，风下一刻往哪一个方向吹。统一或者多元，在这个时代的矛盾尤为凸显。

作为自媒体人，你的人生或者你的故事，不仅仅要能感动人，更要真实、有内涵。

因为归根究底，自媒体运营跟经济市场上所有的产品一样，唯有品质才能留住客户，唯有质量才能树立口碑。

在这个最好的时代，你可以天马行空，去饮了这杯"心有多大，舞台就有多大"的励志鸡汤；但同样你也要相信"内容为王"才是正途，因为是金子不一定发光，但不是金子一定不会发光。

第二节　本质：微信文案不等于自媒体

随着微信公众号的普及，微信文案似乎已经不是一个新鲜的词汇了。很多人陷入一种误区，把微信文案等同于自媒体。

或许很多做自媒体运营的朋友都有过这种尴尬，当亲朋好友问："你现在在做什么工作？"如果回答是自媒体运营，那么往往问的人会回你一句："哦，写微信的呀，这活不错，挺轻松的。"

微信文案只是自媒体冰山一角

准确地说，微信文案或许是自媒体的一个非常小的组成部分，是自媒体中微信运营的其中一个职能部门，但绝不等同于自媒体。因为自媒体的涵盖面实在太广，例如微信运营、网络直播、小视频集锦、网络微电影等。

一个人就是一个团队
——自由职业的真相

只要它是独立的非官方组织，只要它在系统地自主传递信息，所做的都是自媒体做的活儿。但是初入这个行业的人往往也会陷入写个微信就等于自媒体运营的误区。

一个从传统纸媒离职出来创业的记者，曾经以为凭借自己的文笔，定然能在微信公众号里闯出一片天地。离职前晚他曾经写下"一支笔，一场人生"的豪言壮语。在他畅想的未来里，能写好文章就意味着能够成为微信大V。

想象是美好的，现实是残酷的。真正开始运营微信公众号时，他才知道，在千千万万的微信公众号中，想要脱颖而出，绝对不是一件容易的事情。

首先，保持内容的更新已经是一件让人无比头痛的事情。从时评类记者起家，他的微信公众号之路也是从时评类开始的。每天需要找热点、构思、写文章，但是想要保持一天一篇的原创更新依然困难。毕竟灵感是会枯竭的，热点也不是时时都有，不到一个月，创作就遇到了瓶颈。

然后便是粉丝的问题。刚刚建立微信公众号之时，因为亲朋好友、原来的同事、读者纷纷加了关注，每天的粉丝上涨和打赏还是可观的。但是两个月后，粉丝数几乎就维持不变了。依然停留在原本五六千粉丝的基础上。阅读量也随着时间的流逝，越来越低。

如何提高粉丝增长量和阅读量，成了摆在他面前又一道难题。

创业没有你想象的那么简单，自媒体更没有你想象的那么简单。任何事情都是雾里看花、水中望月的时候才无限美好，当你深陷其中，体会到的只能是无比冷酷又真实的存在。

从一个记者，到一个微信写手，他发现"一支笔，一场人生"的豪言壮语真的只存在于想象中，为了维持公众号的活跃度和营收，他不得不开始学习运营技巧。

他从搞线上活动开始，到接触一些线上投放广告，甚至开始学习图片设计、小视频剪辑。曾经以为靠笔杆子就能养活自己的微信运营变成了一个小型网站的运营方式。事业开始起步，但他发现自己需要学习的东西越来越多，包括充电、接受培训、寻找合作方、监控数据流量等。

跳出了原本体制化的报业，不用负担随着传统媒体转型带给记者的销售压力，却开始承担自己微信公众号的销售压力。面对这场创业，他逐渐乐在其中，却也调侃说："我可能是从一个火坑，跳入了另一个火坑，感觉自己被骗了。"

千万不要轻视自己即将开始的事业，也不要认为自由职业仅仅是一种主观选择。从事任何一个行业都不容易，当你感觉它轻而易举，除了你天赋过人，更有可能的是你尚未真正了解它。

自媒体，逼迫你成为全能的超人

认识自媒体的过程或许也是一个挖掘自我潜力的过程，因为如同自媒体的名字，它本身就是一个小的媒体圈，需要构建、运营、销售、内容、管理、推广等方方面面的人才。

或许在开始时你如同上文中的记者一样，只具有其中一项才能，但请相信如果想要发展下去，你必须成为 papi 酱口中说的那种"集美貌与智慧为一体"的全能型人才。

内容为王的时代，请准备多样的内容。互联网时代是一个内容为王的时代，所有的喧嚣背后都必须有实际的内容作为支撑。倘若内容不过关，再吸引眼球的标题，最后也只会砸了你的招牌。

正如最近一直为人所诟病的"UC头条"，在一个个"狗血"的标题背后全都是劣质内容和微商广告。时间长了，当套路被识破，用户就会一点点流失。

那么是否只要有高品质的内容就能留住客户呢？其实未必，这是个信息多元化的时代，也是个用户要求越来越高的时代。即便是做深度内容的自媒体，也要时不时搞一些线上活动或者有趣的视频吸引眼球。一盘再好吃的菜，如果让你一年365天只吃这一样，那么也会味同嚼蜡。

内容为王，在保证质量的同时必须要拓展内容和载体，这样才能让用户时刻保持惊喜和好奇心。

有人说："我走过最长的路，就是你的套路。"套路不是王道，套路不是一切，但是没有套路也是万万要不得的。这是个需要包装的时代，如果没有好的外在包装，没有人关心你的内在。

如果说内容是留住客户的法宝，那么套路或者说标题就是吸引客户的第一步。这种套路在一定意义上代表着技巧，而不是欺骗。倘若你的文章标题惊悚，内容却完全与标题不符，这样的套路只会让受众感觉受到欺骗，心生反感。

但如果你的套路别出心裁，又不失幽默，或许在得到用户赞赏的同时还能形成自己的风格。例如始终少女心却又让人愿意买单的胡辛束，就是此类运营中的佼佼者。

不停充电，才不会被时代抛弃。信息的快速流动，对人的接收适

第三章
自媒体运营：网络时代你是主宰

应能力的要求也在提高，特别是作为媒体运营人员，更是如此。倘若大家已经在谈人工智能，你却还在为一个小电器可以用遥控器而感到扬扬自得，显然你已经被时代抛弃。

适应潮流的未必都是好的东西，但是生活在这个时代，希望在自媒体中拥有一席之地，完全不懂潮流绝对不会有所突破。知己知彼才能百战不殆。即便是国粹京剧，在现今的流行趋势下，都在寻找创新和突破。作为信息载体的自媒体，如果还停留在"我写一篇文章，就可扬名"的自负中，显然并不可取。

作为一个全面的自媒体人，必须保持最前沿的媒体触角，同时不断了解新的媒体和运营形式。故步自封不可能让事业有所发展。

例如曾经以卖丑和犀利言论走红的网红，大都在低俗、丑陋的怪圈里挣扎，慢慢地淡出了人们的视野，也失去了原本的商业价值。而成功的明星或许也因为丑闻炒作而被众人所熟知，却凭借越来越多的技能逐渐洗白，让人开始感受他们的可贵之处，继而获得人气和商业价值。

作为曾经全国最大的论坛交流平台，近几年天涯渐渐淡出了大众的视野。而这种淡出正是因为在移动互联网变革的风潮中没有抓住先机，如今已经错过了转型的黄金时期。

同样覆灭的还有文艺青年曾经的最爱：榕树下、西祠胡同等一批网站。包括现在已经处于濒危状态的微博，虽然它依然是社会新闻、娱乐新闻的爆发地，以其公开性和传播性保留了自身价值，但是日渐稀疏的用户活跃度、越来越低的话题品质，已经开始危及微博的生存。

这是大的媒体群体的危机，作为个人媒体运营者，更要警惕。如果你作为一个微信运营者只会写文案，如果你作为一个视频运营者只会剪辑视频，如果你作为一个漫画作家除了画画什么都不想，那么你的世界就只有自己画出的那一个小圈圈。甚至这个圈会随着外界的压迫越来越小，直到消失。

要相信你的潜能是无限的，发展的维度也是无限的。不要低估自己，不要放任自己。微信文案不等于自媒体，你也不仅仅等于当下的你自己。

第三节　方向：不整容也可以当网红

这个时代得年轻者得天下，所以网红经济应运而生。但是随着网红这个词进入了大众视野中，伴随而来的大部分都是诟病和批评。

聚集了大批网红也塑造了大批网红的大本营——直播平台、微电影、淘宝微商也成为众人抨击的集中之地。但网红真的就只是大家印象中的"蛇精脸""整容脸"吗？或许并不仅仅如此。我们所看到的网红不过是这个庞大自由职业者群体的冰山一角。

首先我们就来说说这其中的一角——所谓的"整容"网红们。似乎所有人都将其成功归结为"整容"，但或许整容仅仅是他们成功路上的一点小小的催化剂，绝对不是根本原因。

网红只是认知度不够的明星

自媒体时代,已经足够承载一个人的才华和人气。只要你有才华,绝对不会出现"英雄无用武之地"的悲哀。所以很大程度上一些成功的网红其实都是由电影学院、模特行业、临时演员行业出来的演职人员构成。

他们有一定天赋、能歌善舞、长相出众,却还不足以成为众星捧月的明星,因此走上网红之路。2016年,网红更是被推上风口浪尖,多个知名男明星跟网红相恋并公布恋情,所以有人说网红其实也是"男神收割机"。

举一个例子,在最早互联网文学出现的时代,人们对于网络文学有着无数的争议。这是基于一种文学载体变更带给人们的冲击。有一种这样的观念:网络文学比传统文学要低级。这和现在认为"网红"比一般的职业、一般的公众人物要低级的思想如出一辙。

这种思想有一些片面性,但是也不是无迹可循。当整个市场的门槛变低,或许在内容产出上平均质量确实会变低。如同网络文学开始盛行的时代,人人都是作者、人人都可以将文章登出去传播。这和传统模式中经过投稿、选稿、改稿、校对整个系统化流程推出的精品比,确实整体上质量不高。

但是换一个角度,这种市场的开放也鼓励和扶持了整个文学产业的发展。原本只掌握在少数人手里的机会变成了人人都有的机会。因此当年才会诞生路金波、安妮宝贝这样的作家。

如果当年他们一味被打压,或许如今就没有出版大量优秀图书的路金波（笔名李寻欢），没有安抚一代人青春的安妮宝贝了。

这种批判和开放在一定程度上和现在国产电影、国产电视剧、国产综艺的发展有着异曲同工之处。唯有怀着包容的心态，让更多的导演、制作人投入到这项事业中来，才能够让更多优秀作品诞生。然后在这庞大浩瀚的作品中一步步筛选出可以流传、发展的精品。

对于网红的诞生我们同样要抱持着这种心态。加入到网红团队里的自由职业者们必须明白，唯有让自己的才华显现，在这个庞大的队伍中才不会昙花一现。

当明星换一个载体，化身"网红"，我们或许应该放下有色眼镜，期待他们的成长。

直播生活，有才是发展的秘诀

当人们摘下有色眼镜去看网红，当人们以一种健康的心态投入到网红的大军中，必须明白一个道理——才华才是所有发展的根基。

正如前文中我们提到的那些"男神收割机"，你真正深入了解后会发现她们不仅仅是整容成"蛇精脸"的网红，她们身上有自己的光芒。

例如雪梨，从王思聪的女朋友到网红中的励志偶像，所有的一切都在于她不是人们认知中"虚荣和拜金"的网红，而是网友为其贴上了"女强人，自力更生"的标签。一年上亿元的淘宝服装店营销额，足以证明雪梨不是空有其表。

成功让当红歌手罗志祥拜倒在石榴裙下的周扬青，从一开始被狂爆整容黑料，到现在大家习以为常地看她跟绯闻男友罗志祥在微博上秀恩爱、"撒狗粮"。大家发现，这个姑娘虽然整过容，但是性格坦荡、豪爽，确实值得人喜欢。

讨厌一个人的理由有千万种，爱上一个人的理由或许有一种就够了。当网红，你可以是"整容脸"，你可以追求物质和享乐，但是一定要保有一种禁得起检验的才华，这样才能成为受众始终喜欢的对象。

从这种意义上而言，整容不是网红的必然选择，也不是一定要追求的选择。或许你可以为了美改变自己，但是整容绝对不是网红的准入门槛。

相反，从网红的诞生地——直播平台就可以看出，有些不整容的网红更受欢迎。在网红的收入年度排行榜上，不是什么整得最像"蛇精"的帅哥美女，而是游戏玩得最好的主播小智。在整个直播市场的平台中，你会发现赚钱最多、直播受众最广的排名或许是这样的：游戏水品高超的主播、拥有多种才艺的主播、拥有特殊技能的主播、长相好看而且会表演的主播、长相好看的主播。

颜值可以成为直播的一项助力，但绝对不是最重要的一点。因为美的标准各不相同，以花瓶一样的外表作为谋生手段，不会长久。

与其用一张"整容脸"在网红的世界里搔首弄姿，不如寻找自己真正的才华，为未来多争取一个机会。

卸下伪装，或许才能赢得掌声

我们不一味鞭挞整容这一现象，但也绝对不鼓励这一现象。任何的选择都值得尊重，因为为选择买单的只有你自己。

但是当"蛇精"横行，成为自由职业中的一个无法忽略的群体之时，我们不得不担忧这种认知和价值观是否会把人引入深渊。

异于常人的行为未必就是错的，但是把整容当成人生中不可或缺的一部分，甚至成为一个群体的共同爱好，就变成了一种病态。

有人说："成年人是可以为自己的选择负责的。变美是每个人的权利。"我们绝不会剥夺别人想要变得更美的权利，但是否在行使自己这种权利的时候也需要冷静一些、理智一些？不要因为虚荣心作祟，就让自己踏入万劫不复的深渊。"整容脸"并不是大众的审美需求，出位的言论也不是大众的趣味需求。

即便是网红，想要红需要的也是才华支撑，需要的也是魅力加持。如果以为靠一张脸就可以赢得全世界，显然是愚蠢的想法。

不整容也可以成为网红。看看把营销广告说得如同相声一样有趣的罗永浩，看看靠打假在网红界开辟一片天的司马南，还有因为用力表演成为行走的表情包的周杰……

在这个多元的世界里，展现自己的方式有无数种。如果你以网红作为自由职业的起点，请用个性和才华让你的事业长久，满脸的玻尿酸可能会让你的事业如同你日渐僵硬的笑容一样逐渐垮掉。

第四节 收获：成就集智慧与美貌于一身的你

一直以来，人们总是理所当然地认为美貌和智慧二者不可兼得，网红经济的出现更是加深了众人的刻板印象。所以在整个网红市场中papi酱这种"集美貌与智慧为一身"的女子才特别可贵。

第三章
自媒体运营：网络时代你是主宰

我们不得不承认 papi 酱的才华，但是有才华的不只她一个。在庞大的网红市场中，其实也有很多兼具头脑和颜值的存在。张林超就是其中一个。

在权威网站发布的中国年度电商红人榜中，张林超凭借优秀的电商运营成绩位居第三。这个身材高挑、长相出众的平湖女孩，用自己的时尚触觉和出众的长相赢得了网友们的青睐，用她独到的生意经在网红经济的市场中闯出一片天。

自己就是最好的广告，年销量轻松过亿

当你本身就是 IP 的时候，其实无形之中连广告费都会省掉，可见运营自己的重要性。虽然网红买衣服、开淘宝店在整个网红经济中已经成为一种普遍现象，但是如同张林超一样，将生意做到年收入上亿元的可谓是少之又少。

她的淘宝店在不到五年的时间里，销售额已经到了 1 亿多元，而她的主要客源不是靠广告效应，不是名人宣传，而是来自自己微博粉丝的转化。

在微博的平台上，张林超有 200 多万粉丝，这个数量还在一直增长中。对于她而言，整个电商平台最牛的销售方式就是她对自己的运营。对于她的粉丝而言，张林超就是潮流导向，张林超本身就是值得信任的代言人。

这个姑娘生意红火绝对不是偶然，而是美貌和智慧可以有机结合的最好证明。她俨然成了网红界的一股清流。不靠毫无营养的生活直播、不靠暴露低俗的穿衣表演，而是通过高质量内容的输出，保持粉

一个人就是一个团队
——自由职业的真相

丝的关注度和增长量。进而将自己的粉丝引入电商平台，成为自己产品的忠实顾客。

这个不服输的姑娘在运营淘宝店之初就想到了利用社交媒体。她的事业起步于2012年，当时整个服装市场已经处于饱和状态，竞争异常激烈。但是基于对时尚的热爱，她还是一头扎了进去。

作为一个热衷于参加各种活动、喜欢社交的人，在大学时期她就已经开始了自己对粉丝的经营。通过各种活动她广泛添加关注，也得到了大批人的关注。当然这与她热情亲和的性格有关，也跟她的高颜值有关。所以在电商开始之初，原本在微博上已经有了几十万粉丝的她早早就想到了利用这一平台来推销自己。

一开始她会跟其他朋友一样去各种淘宝店挑选衣服，通过自己的感觉来进行搭配，并发到微博上分享。因此得到许多朋友的好评，随之而来的是许多的咨询和追随者。这是她的淘宝店发展的最初。从一开始她就将把自己定义为店里最好的代言人。

事实证明，她的定位是准确的。淘宝店开张第一个月，看了她的微博推荐进来买衣服的人就有不少，淘宝店销售额就超过了3万元。这对于没有广告、没做其他推广的新的淘宝店而言是极其难得的。

事业的脚步自此开始，张林超也开始积极摸索她的发展之路。

天时地利人和，没有理由不成功

成功赚到事业里的第一桶金，和微博平台的兴盛有关，但是更关键的是这个一头短发、看起来干练利落的女孩有着出色的经商天赋和家学渊源。

第三章
自媒体运营：网络时代你是主宰

出生于浙江嘉兴平湖，父母本身就是生意人，这让张林超耳濡目染，从小就学到了不少生意经。而且嘉兴本身就是各种服装厂聚集的地方，是全国有名的服装批发市场之一。以家乡作为经营的开始，可以享受更加实惠的进货价格，拿到更有特色的衣服。

当然，张林超并不满足于从淘宝和工厂选择服装。作为在时尚工作中特别有自己主见和天赋的女孩，她更倾向于自主品牌的建立和设计。

"淘"衣服只是她发展的第一步，做衣服才是她的终极梦想。当电商运营了一段时间，资金慢慢积累起来的时候。她开始了自己从"时尚买手"到原创老板的转型。

虽然有自己的时尚观念，但这跟设计衣服依然有着千差万别。个人的力量是有限的，因此她决定聘请专业的设计师加入她的团队。这个刚刚起步的原创服装店，并没有盲目招人，而是非常理智地规划了它的配备——一个服装设计师、一个打板师、一个客服和一个模特。

当然模特就是张林超自己，整体服装创意也由她来主导。模特、老板、设计总监，构成了张林超的三重身份。

跌跌撞撞中，张林超的个人工作室正式上线运营，她对于自己的新的发展充满了野心，因为她相信"只有自己设计、生产，保证服装的时尚元素和质量，才能把生意做大"。

在她的经营下，品牌的影响力越来越大。同时她也并未放弃微博这一帮她点亮梦想的舞台。她的微博随着各种特色服装的陆续推出，越来越成为年轻女孩的潮流风向标。粉丝数量也在成几何倍数地增长，从十几万人到上百万人，再到两百多万人。随之而来的还有网店访问量和购买量的不断增加。

一个人就是一个团队
——自由职业的真相

在很大程度上，张林超已经成为很多年轻女性心中的时尚女神，只要是她在微博上穿过的衣服都会受到热捧。单单一个双十一，她的网店就在一个小时内达到了上千万元的销售额。即便是在平湖这个聚集了无数服装厂商的地方也是让人难以想象的。

"漂亮、能干、时尚"成为张林超的标签，她却认为"颜值"或许是她的助力，绝不是她成功的关键。保持在微博上高质量内容的输出，才是她电商持续发展的秘诀。

为此，她除了经常在微博上放出自己的照片之外，还会对每一套服装都进行点评；从专业的视角为适合的人群推荐适合的服装。对于她来说，个人专业度的提升远比颜值重要得多。

因此，每年她都会多次带着设计师去伦敦、米兰等世界时尚之都学习采风，从而让自己始终拥有最敏锐的时尚触角，并将这些灵感转化为大家喜欢的作品。

对于她而言，事业或许开始于网红，但是绝对不会让自己局限于只是一个网红。她从来不喜欢用网红这个词来定义自己，而是更愿意将自己当成一个专业的时尚人士。当然，如果一定要将张林超划为网红中的一员，她会这样笑着调侃："我一定可以出一部《论网红的自我修养》的书，跟大家分享经验。"

在众人眼中的网红，或许是宅男女神，或许是很多男生的梦中情人。但张林超却觉得自己应该是"妇女之友"，爱美女生的"女神"。事实上她的微博粉丝中也确实女性粉丝多于男性粉丝。

对于这一点她是骄傲的，因为她相信唯有兼具美貌和智慧才能赢得女同胞们的青睐。她在为大家提供时尚建议的同时，其实也是在销售一种新的生活方式。当你的生活方式成为别人追求的热点，当你的时尚成为别人的教科书，那种发自内心的满足感是无法言喻的。

网红经济的 N 种模式，能长远的才有生命力

其实在网红经济中有着多种多样的模式，张林超这只是众多方式中的一种，做直播、求打赏、转行做明星、为电商微商代言……模式有千千万，或许张林超选择了最艰难也最聪明的一种。

从她对用户的维护中就能看到她对于这种模式的生命力的重视。随着消费结构的逐渐升级，对于时尚的理解也在升级。张林超说："我希望成为粉丝的眼睛，帮她们捕捉当下最流行的时尚信息"。她确实在这般践行，她们店里出品的衣服往往具有极其前卫和独特的风格，一直游走在时尚的最前沿。

她对自我的要求是："我们要做时尚的引领者，而不是时尚的追随者。"

事实也证明了她的用心和努力赢得了市场的青睐，很大程度上张林超不仅仅是粉丝的时尚风向标，更成为现代女性一种生活模式的开创者。

这个出生于富裕家庭的"白富美"用自己的努力书写了一个网红经济中的传奇。她用事实说话，告诉我们网红其实也可以持久，只要你选择一种具有生命力的营销模式。

当粉丝经济邂逅时尚电商，当努力上进的美女加上睿智的头脑和坚持的毅力，又有什么理由不得到命运的垂青呢？

从网红到知名淘宝店主，张林超的成功就是一场网红的励志奋斗史。同时她也告诉人们，只要找准方向，在网红的自由职业之路上也

可以出现充满正能量的创业故事。

建立口碑、发展品牌、维系客户，张林超的事业还在继续。这个聪明的浙江姑娘，用自己的故事告诉大家，美貌和智慧是可以兼得的。

网红未必就是无脑、不劳而获的代表。当粉丝转化为购买力，网红或许就是成功的创业者。

第四章

微商：小老板的大目标

第四章

微商：小老板的大目标

第一节　挫败：你没有你想象的那么有人气

微信的盛行让朋友圈开始流传这样一句话："你永远不知道你的朋友圈里下一个成为微商的会是谁。"似乎一夜之间微商成了靠奋斗发财的代表名词，很多人纷纷涌入微信创业的浪潮中。

外表风光无限、赚得盆满钵满的微商是否如人们想象中一样呢？其实未必。任何事情都有正反两面，发财与否也因人而异。你眼中每天忙忙碌碌、貌似商机无限的微商，或许过得远比你想象中艰难。

人气并不能当饭吃

在微商创业的浪潮里，有人月收入上万元甚至几十万元，有人却无法回本把货都砸在了手上。很不幸，丽丽就是后者。中专毕业的丽丽考取了药剂师资格证，在一家规模不大的私立医院担任药剂师。一个月两千多元的工资即便是在丽丽生活的二线城市也算不上小康。所以为了生活，丽丽一直很努力，想要寻找别的出路。

她的微商之路就此展开。一开始，看到有人在朋友圈卖减肥咖啡卖得风生水起，而且看起来客户很多，很好销售，她不免也心动了。她跟这位朋友拿到了代理权，开始了自己的"大忽悠"之路。

朋友圈微商有一个特点，首先你要拥有大批的潜在客源，正如网

一个人就是一个团队
——自由职业的真相

站需要 IP 一样，你的朋友圈也需要粉丝。不同于其他的营销方式，微商运营似乎都是从人脉开始的。这和保险、直销有着异曲同工之处。

丽丽的事业也不例外。对于这一点，她是自信的。长相姣好的她本来就在朋友圈算是个小小的"网红"，用她的话说："我发张特别没营养的自拍，点赞都有一百多个呢。"确实如此，朋友圈"人多"是微商运营的第一步。但实际上最关键的是你如何让这种"人多"转变为"顾客多"。

这是所有微商运营菜鸟都曾经面临的困惑："为什么我朋友圈人那么多，但是我的销售额还是那么低呢？"或许在微商出现之初，这样的问题是不存在的。中国人一大显著特质就是爱凑热闹。所以当微商刚刚出现之时，看到朋友圈有朋友晒产品、买东西，很多人处于好奇，或者信任朋友的心态就买了。

"一年内销售 200 多万元""做微商半年就开上奔驰""月收入上万元不是梦""你晒娃的时候这些人已经收获第一桶金"，此类新闻在微商诞生之初如雨后春笋般出现。是媒体的刻意炒作和夸大其词吗？其实并不然，确实第一个吃螃蟹的人是勇士也是既得利益者。但随着微商越来越多，人们对这种运作方式越来越熟悉，购买力便随之降低了。

当丽丽开始运营微商时，属于微商的蓝海已然变成红海，僧多粥少成为朋友圈微商面临的窘境。不夸张地说，每个人的朋友圈至少有四分之一的人从事过微商或者帮助别人宣传过微商。当然除了微商之外，让人疲劳的还有拉票、打小广告和微信运营每日一次的"求点击、求关注"。

第四章
微商：小老板的大目标

套路是所有运营的开始

这片原本用于社交的土壤已经被激增的商业气息弥漫，人们对于各种微信推广已经渐趋麻木。当然，这并不意味着微商完全没有了市场。

在运营了一段时间之后，丽丽发现自己引以为傲的人气完全不能转化为购买量。自己的"朋友"或许都不是"胖子"。所以她开始广泛地发展新的潜在客户。

加好友就成了第一步，但是光靠加好友还远远不够。正如曾经她引以为傲的自己的"广大的朋友圈群体"，加好友不过是在这个基础上对基础群体的进一步扩展。重要的是营销的技巧。

其实微商群体也是存在套路的。我们经常在朋友圈看到的微商，被网友戏称为"打了鸡血"的一群人，事实上已经经过系统的培训。他们从代理商那里进货，同时也经过了代理商系统的培训。关于那些套路，概括而言，不过以下几点：

1. 网红 + 励志

使用这种方法的往往多为一些长相姣好的年轻女性。她们在推销产品的同时，会经常晒出自己的照片，并配以"年轻就要奋斗""加入某某行业，成就人生传奇"之类的主旋律。更有甚者会列举其他人的实例，比如"曾经的她是一名全职家庭主妇，自从加入某某，现在简直是女神""女人，必须要爱自己，才能够让别人爱你"。这些人的人生如同打了鸡血一般，看上去每天都那么阳光灿烂。不知道的人还以为这不是加入了微商，而是受了"陈安之励志演讲"的影响呢。

2. 狂晒福利

这种模式和各种直销产品有着异曲同工之处。直销的一大营销模式就是组织员工旅游、和知名人士合影、开所谓的"高大上的年会"。微商也不例外，很多微商经常会晒自己代理的产品给自己送了什么名牌礼物，下午茶、出国游也是她们朋友圈的常态，当然必备的还有每到年终，聚集到一个如北京上海的一线城市，上万人在某个体育场开一场"表彰大会"。发朋友圈再配上仿佛"进入上层社会"的文案，这一切让人迷惑：微商难道真的福利这么好？

3. 形成"畅销+好评"的假象

微商事实上没有想象的那么有人气，而你真正的朋友购买自己产品的也并不多。甚至你可能发现朋友圈里有的朋友经常晒订单、晒购买对话，仿佛生意做得很不错，但是没过几个月她就销声匿迹，再也不提自己的产品了。实际上这也是一种套路，很多微商运营的老手都会使用两种神器——转账神器和自言自语神器。那些我们看到的购买对话和转账信息实际上是他们通过网上的某种软件自己生成的，以此形成一种销售火爆、产品好评如潮的假象。归根结底，这跟淘宝刷单本质上是一样的。

知道这些技巧的人往往在微商的道路上会行进得更好一些。但是对于一无所知、怀着满腔热情进入这个行业的菜鸟而言，却没有那么简单。

丽丽便属于后者。但是菜鸟有菜鸟的笨方法，她的减肥咖啡随着一次次的宣传还是有一些销路的，同时她也看到了其他微商的晒图。所以经常在客户购买了产品之后找客户聊天，把这其中评价好的对话、

第四章
微商：小老板的大目标

转账信息截图，在朋友圈中晒出来。

只是自己一个个晒图跟别人家的"神器"比起来可就差远了。况且，她实际上也没有多少客户。这卖减肥咖啡的生意越来越难做，问题也越来越多。最后让丽丽决定结束这一切的原因还是因为咖啡出问题了。

有购买她减肥咖啡的客户反映，自己喝了之后出现了晕眩、头疼和失眠的状况，并态度坚决地要求退款。为此丽丽去找代理商，但是代理商说："你把咖啡原样寄回，我按照之前的进货价退钱给你。"这显然不是丽丽要的结果，这起纠纷让丽丽开始反思，是不是自己卖减肥咖啡并不是一个正确的决定。作为一个医务工作者，她后知后觉地去探究这个咖啡里有什么成分。但代理商的说辞模棱两可，从咖啡本身上也看不出什么。

第一次轰轰烈烈的微商之路就此终结。减肥咖啡的生意草草收场。接下来该往哪儿走，丽丽还在迷茫，但是她并不想放弃这条发家致富之路，只是要找到方法和出路。

方向对了，人气才能成为助力

所有的创业者都经历过迷茫期。让瘦子去卖大码服饰是没有市场的，当和尚去卖梳子也是没有市场的。虽然有人说在不曾被开发的市场卖出去东西才是真的营销高手，那也只是一个说法。

所以就有了这样的故事：几个鞋商来到一个人们不穿鞋的地方，很多人一看这里完全没有市场，但是其中一个人觉得这里市场前景太大了。于是其他人离开，他留了下来。数年之后，这些不穿鞋的人在他的影响下全都开始穿鞋，而他成了这里的唯一经销商。

一个人就是一个团队
——自由职业的真相

但是在现实生活中，并没有那么多传说。我们都不是能说服一个不穿鞋的地方的人穿上鞋子的高手，更不可能那么轻易地打破别人的思维定式。所以迎合潮流比创造潮流容易得多。对于微商亦如是。

第一次创业失败的丽丽开始反思什么适合自己。同时基于第一次创业的教训她也在想什么产品的风险低、不容易产生纠纷。恰逢春末夏初，正是换季的时候，丽丽一直是单位里的潮流先锋，经常有同事问她新买的衣服是在哪买的，其他女同事买衣服也经常让她出谋划策。她灵光一闪："我为什么不去卖衣服呢？"

这次的创业不再那么鲁莽，她开始了解全国几大服装批发市场，并利用年假旅游的机会亲自去广州、深圳的服装批发城实地考察。结果发现，这笔生意是非常有利可图的。

身处北方的二线城市，虽然收入水平并不算太高，但是人们的服装消费绝对占了一个大头，因为很多款式好看一些的大衣、连衣裙动辄就要上千元。而经过她的考察，这里的服装批发价大多一件几十元到一两百元不等，但质量、样式和商城中上千元的服装并没有太大差别，而且款式还更加新颖时髦。

找好了生意方向、确定了客源，丽丽就开始了自己的第二次创业。因为本身资金少，她采取的方式依然是代理的形式：在自己的朋友圈晒出代理的服装的图片，很专业地跟大家分析衣服的优缺点、适应的人群等，等到有朋友转账下单，她再转账给服装批发商下单发货。

这次的创业取得了开门红，三个月内丽丽卖服装的销售额已经到了近10万元，自己也从中赚了3万多元钱。这让她更有信心了。下一步，丽丽准备做个微信公众号，跟大家分享一下穿衣心得、潮流趋势，同时也给自己的服装生意打打广告。如果效果好、业绩好的话，说不定她还会开个微店。

计划周全、信心满满，这次丽丽的人气被充分地利用起来，创业的前途一片光明。总结这一次创业的经验，丽丽说道："不做调查、不做研究，就跟无头苍蝇一样根本不能成事。创业不能跟风，适合自己的才是最好的。"

这只是众多微商创业中的一个小人物的故事，没有月收入百万元的噱头，没有多少轰轰烈烈的曲折，却是最真实的写照，也是给微商创业者最真诚的谏言。

第二节 认知：微商不是一个人的孤独，而是一群人的狂欢

对于微商行业，我们有着很多错误的认知。有人觉得微商是一夜暴富的途径，有人觉得微商不过是档次很低的网络骗子。但是这两种都是不全面的。

我们不应该用某一个个体来定义整个微商。正如我们不能如同坐井观天的青蛙一样，因为自己只看到了井口大的天空，就以为自己已经了解了整个世界。

微商作为互联网洪流中的产物，它从来都不是独行者，而是一群人在奋斗。

微商真的有前途吗？

从 2013 年到 2014 年，各大互联网公司开始提出一个概念——"拥抱移动，拥抱互联网"，这是信息和消费从 PC 端转向移动端的标志。特别是随着微信的发展，人们发现生活已经越来越离不开手机。但对于微商而言，依然有人在担忧，这个准入门槛低、从业人员多的创业红海，是否还有前途？

其实这种担忧是完全没有必要的，纵使微商在发展初期饱受诟病，经历了很长一段野蛮生长时期，但是作为时代的产物，微商实际上不过是商业模式中的一种新的载体，而它的运营也必定会有好有坏。

机会总是留给有准备的人，想要在微商的红海中杀出一条血路，其实并不是难事。首先，我们必须放平心态，任何一种商业模式产生后都必定在探索中变革，在变革中不断前进。没有什么是一蹴而就的，同时也意味着没有任何一个行业可以在一两年内完全成熟。对于微商，必须保持着开放的心态，不要态度鄙夷，更不能妄想一口吃成一个胖子。

概括而言，沟通载体的变革导致商业模式的变革。每一次信息技术革命、媒体革命都必将伴随新的商业模式的诞生。微商便是这种大时代背景下的产物。

微商不是什么让人望而却步的"异类"，而是属于这个时代共同的狂欢。当然，如果细究微商的主要群体，你会发现一个更加有趣的现象，微商很大程度上是"女人的狂欢"。

这一点或许可以为微商运营的朋友提供一点点产品定位的参考。

第四章

微商：小老板的大目标

现在有一种说辞是："一个女人即便只是上个厕所，可能都能分享出三条朋友圈。"当然，这只是句玩笑话，但是却很形象地反映出微信用户群体中的现实情况。

在微信中，女性的活跃度远远高于男性，而女性特别是中老年女性的购买行为则在整个微商运营中占据主导。这是个"中国大妈"能够震慑华尔街的年代，这是个张扬个性和崇尚"女人就要爱自己"的年代，所以女性的购买力无疑是强大的、毋庸置疑的。

找准这个点，或许在选择销售的产品和发展的对象上就不难了。跟消费群体共舞，了解消费群体需求，才能真正开启自己的狂欢时代。

打破固有思维，让互联网开阔你的世界

归根结底，微商不过是变更了载体的另外一种形式的销售。在这个人人都是自媒体的时代，人人都是微商已经不再是什么新鲜事。从这种意义上看，它并不仅仅意味着"在微信上卖东西"，所有通过移动客户端完成的个人经销都可以看作微商的一种。

唯有具备这样的互联网思维，才能真正为自己的微商运营打开渠道。当然，人人都是微商，各个都有朋友圈效应，这是否就意味着销售额真的可以如同信息传播一般，比如一个月几十万元、两个月上百万元、三个月接近千万元这样以几何倍数递增呢？

不能说这样的增长完全是无稽之谈，但是也不能真的如此笃信自己的个人魅力和销售能力。至少对于绝大多数人而言，一夜暴富依然是天方夜谭，踏踏实实的运营才能取得好成果。

调查结果显示，在微信运营中，本身有线下实体店或者经营已久

一个人就是一个团队
——自由职业的真相

的淘宝店的往往比一般做代理运营的要长久得多。究其原因，这种有经验、有一定实力的运营者往往产品更有保障，再加上本身有一定的客源，将原本的运营经验转移到移动端的运营上来，很大程度上不过是变换了一个渠道、增加了客源。而如果只是简单的代理，对产品质量把关不够不说，还存在经验不足、资金链断裂等情况。

如此说来，是否意味着微商运营除了充当新的载体渠道，其他一无是处呢？其实并不然。微商有自己的运营之道。

其中最有效的一种或许就是寻找代理商。这里的代理不是所谓的随便拿点儿三无产品、看到别人做得风生水起就跟风去做的那种代理，而是在互联网思维下形成的一种新的营销模式。

做家电的小张就用这种方式，让自己刚刚开张一年的微店销售赶超了做了三年的淘宝店。在开始做微商之前，小张的淘宝店已经运营了一段时间，平均每个月可以卖出去四五十台大型电器，林林总总的销售额也有二十万元左右。这只是他线上的收入，当然实体店也同样在做，销售额基本跟淘宝店持平。

但是当微商的浪潮来袭，小张发现这种新的销售方式或许能够为他带来更高的收益。他通过活动转发分享的方式，如果B通过A的分享链接来店里购买电器，那么每件电器将返现给A二十元分享经费，当有人通过B来购买电器则返现给B二十元，A十元分享经费，五个人以内都以这种方式进行分享回馈。这样的营销模式带动了客户的回购和以老带新。

特别是遇到家里装修重新更换电器的家庭，有时候一次购买就能带来一串连锁反应。最多的一次，小张一个小时卖出了18台空调。据了解，就是同一个教师公寓的一群老师一起来买的。

这样全民皆是微商，人人都是销售员的时代，以顾客为代理、让顾客在购买的同时分享和销售，无疑是一件将利益最大化、品牌推广最大化的行为。在号称经济不景气的年头，小张的微店销售额只增不减，甚至超过了淘宝店的一倍。

这是互联网带给小张的新的世界，也是移动客户端发展带来的新思维。诚然，对于这种营销依然有着争议。在很多人看来，这更像是一种直销。

但是能够共享、能够实现共赢又何乐而不为呢？当完美、无限极等产品都可以成为知名品牌的时候，小张在想："我将一种传统的营销转化到移动客户端，说不定也可以创造新的辉煌。"

或许小张不是第一个吃螃蟹的人，但是可以称之为前几个吃螃蟹的人，依然能够感受到移动互联网带来的红利。这种营销模式和市场发展或许还需要更多的规则约束，需要变得更规范。但是敢于成为排头兵，一定是有利于经营发展的。无论这种先进性带来的是鼓励还是打击，都会成为小张的微商运营道路上的可贵经验。

传播的威力，让全民陷入狂欢时代

这是一个你发出一条朋友圈，可能不到一天时间就被全世界知晓的时代。虽然没有微博的开放性强，但是微信的传播力量依然是不容小觑的。否则就不会有一条求助新闻一天之内被转载上百万次的奇迹发生，否则就不会有你或许不需要经过十个人就能够联系到美国总统的说法。

一个人就是一个团队
——自由职业的真相

社交网络的信息传递有时候比公众媒体平台更加可怕。因为这种传递之间的链接更为牢靠和密切。这也是微商能够飞速发展起来的原因。

"口耳相传""有口皆碑"这样的成语本就寓意着自古至今，人们信息的传递、交易的进行本身就是一种社交行为。而基于熟人、朋友的传播往往更为牢靠。

现在或许已经到了无须出门，通过APP就能够实现所有生活需求的地步。因为在移动互联网上你不仅仅可以订购到小张的电器，还可以订购小李的美食、小王的服装……

移动社交网络形成一个新的世界。在这个世界里，人人都是消费者，人人都是销售者，人人都是供应商。一个人完全可以胜任多种角色，甚至在无形之中你就充当了连你自己都不知道的角色。

如此庞大的市场，吸引着越来越多人加入到这个行列中来。从早些时候兼做职微商，到现在很多人辞掉原本的工作开始做全职微商，这是时代发展的结果，也是一种充满挑战的冒险。

或许我们应该摘下面对微商时的有色眼镜，在抱怨朋友圈"不知道谁会成为下一个微商"时，想一想说不定自己有一天也会走上这条道路，或者说自己有一天真的会需要这些产品。

整个微商的市场还不完善，还需要逐步的净化和规范。但是当新的行业出现之时，请抱着包容的心态接纳它、拥抱它。因为这不是独角戏，而是在时代浪潮中一群人的狂欢。

第三节 转折：盈利从"交朋友"开始

"在这个冷漠的社会里，对你最热心的可能不是你的朋友和爸妈，而是无处不在的微商。"

这是一个网上流传的段子，却并不是毫无依据的。当你真正接触这个圈子，你会发现没有一副热心肠还真当不了微商。

早起的鸟有虫吃，热心的微商有饭吃

在以微信朋友圈作为主要运营平台的微商运营模式中，积累客户的最主要方式就是要拥有足够庞大的"朋友"群体。这种群体你可以通过软件获得、通过摇一摇附近的人获得，也可以通过"交朋友"获得。前两者可以让你在朋友的量上得到积累，后者则可以成为你真正的潜在客户。

微商的存在本身就基于对于"朋友"的信任和追随。正如我们在日常生活中总是愿意花费大量的时间和精力去维系友谊或者维系客户一般，前者是为了保持自己和朋友之间的亲密度，后者则是为了保持客户的黏性。

微商也是如此，唯有你成为客户的朋友，成为朋友圈的"意见领袖"，你才能立于不败之地。

在微信上卖手机的小鹏，是一个西安电子科技大学毕业的IT（信息技术）男。在他的同学、朋友们都绞尽脑汁想要进入BAT（百度、

一个人就是一个团队
——自由职业的真相

阿里巴巴、腾讯）的时候，他选择了自主创业——卖手机。

朋友们对他的选择嗤之以鼻，认为他满身铜臭味，一点儿出息都没有。但是作为一个一直对于自己的人生规划非常明确的人，他完全不认为选择自己这份工作有什么丢人的。反驳朋友的时候，他常说的一句话就是："雷军以前还是在武汉修手机的呢，现在还不是你们崇拜的小米之父，为什么我不能卖手机呢？"

这是一个年轻人的雄心壮志。诚然，他没有成为雷军，但是毕业五年之后，当嘲笑他的同学们依然在当着IT民工、住着租来的房子的时候，他已经在寸土寸金的深圳市中心买了房，并且有了一辆自己的奔驰SUV轿车。更让朋友们艳羡的是，他还拥有了一个姿色不输偶像明星的漂亮女朋友。

"雷军第二"或许离他尚远，但他俨然已经从同学嘲笑的对象变为仰望的偶像了。

而他成功的关键只有一条——和客户交朋友。这种交朋友不是敷衍式的，我为你点个赞、你来我这里给个评论的"互联网式的友谊"，而是真心将客户当作自己的朋友。

首先，他的经营先从百度贴吧开始。作为一个数码控，他在学校时就已经是某知名数码论坛的版主，甚至被其他网友捧为"大神级"的人物。这也是他当初坚定要从事手机生意的初衷。因为他发现只要是他的推荐，很多网友都会跟着买，甚至还会有网友发来私信，问他哪一款手机更好。甚至有些手机专卖店曾经找到他，希望他能够为他们的手机"背书"，推荐给网友。

这让小鹏发现了自己的第一桶金。随着他自己开始从事手机事业，

第四章
微商：小老板的大目标

对于论坛的粉丝经营，他比过去更为用心。每天，他会规定自己至少有两个小时会上线在论坛上，发帖分析各类新出的手机型号的优缺点，并耐心解决网友的问题。

碰到有些他完全不知道的品牌，他也会去各个专业网站查找资料、询问相关的专家，力争帮网友解决问题。对他而言，自己唯有真正够专业，并获得大家的信任，才能够始终有人气，始终有市场。

坚持就能看见曙光，真心总能获得回报

这条路开始得并不算艰难，因为这种创业本身始于小鹏的兴趣。但是这并不意味着这条路一帆风顺。

即便是用真心去交朋友，尚且有吵架、闹翻的时候，更何况是的网友和陌生人。当小鹏建立起自己的贴吧时，有部分论坛的老网友跟了过来，时不时看一下他写的手机分析报告，或者从他这购买手机。

但是人红是非多，生意红火也同样如此。即便小鹏在手机售卖上尽量选择正规购买渠道，也会进行一些评估和测试，但依然有失误和看走眼的时候。

有位网友从小鹏这购买的手机出现经常卡机、关机、发热的问题，于是发帖投诉抹黑小鹏，说他是黑心卖家，说他的所谓测评和超高人气都是商业手段，是靠花钱买"水军"营造的。

一时间有人依然相信他，有人开始对他的人品产生怀疑。第一次信任危机到来了。

做危机公关，他如同对待自己真实的朋友一般——做错了就认。他诚恳地向顾客道歉，全额退回顾客的钱，同时赠予顾客一款价格中

一个人就是一个团队
——自由职业的真相

等、性价比高的产品。

如若这是一家知名的手机厂商这般解决危机尚且可以理解，因为品牌的价值是难以估量的。所以我们经常能够看到苹果、三星等知名手机厂商高价位回收不合格的产品。但是对于个体经营者而言，这种做法无疑是负担极大、损失惨重的。

小鹏却并不这么认为，诚然他的举动是在学习这些知名厂家，但是他认为再小的品牌也是品牌，特别是在他自己本身就是品牌的时候更加不能砸了招牌。

他说："如果是对待我生活中的朋友，我也是如此。答应了他们做到十分，我必然不会只给九分；倘若别人给我十分，我尽量会回馈他们十二分。朋友的信任源于长时间的相处和磨合。而跟网友们的相处则源于他们对我的肯定和认同。对于相互付出的朋友我愿意吃亏，那么对于相隔网路却无条件信任我的客户，我又有什么好委屈的呢？"

吃亏是福，是小鹏的交友原则。正是这种原则，让更多的人愿意信任他。曾经有一个让小鹏特别骄傲的小插曲。

一次一个客户在小鹏的报价帖下面评价一款新出的手机的性能。这款手机小鹏标注了是12000万像素，而网友一看感觉不对，手机怎么可能是12000万像素呢？应该是1200万像素吧。但是基于对小鹏专业的认可，他不但没有反驳小鹏，甚至认为这款手机或许是某种革新产品，本就应该如此，还跟帖表达了对这款"高像素"手机的向往。

小鹏看到后哭笑不得，立即承认自己的粗心，更正了信息，但是同时也备感欣慰。因为在很多网友之中他们已经具有了比朋友更深的信任。这是他一直辛苦耕耘的结果，也是他将心比心的结果。

第四章
微商：小老板的大目标

转战微信，真诚不变

随着微信的盛行，小鹏的线上手机店慢慢地从贴吧转向了微信。但对于他而言，这不过是销售平台的变化，而整体的经营思路是不变的。

唯一不同的是，在微信的平台上，你跟顾客的关系更加平等，也更加亲近。秉持着一直以来"跟客户交朋友"的原则，小鹏转战微信平台后的工作更加忙了。

他会根据用户的购买次数和购买金额，来对客户进行会员制管理，并在客户的生日、节日送上红包、鲜花、蛋糕等各种礼物。很多客户都觉得，小鹏不仅仅是他们的手机供应商，而且是他们实实在在的朋友。

当然，作为微信平台上的贩卖者，微信群和微信公众号也必不可少。这个勤劳的青年保持每两天一次的更新频率，一次两条微信、一条报价、一条市场行情分析。现在经过积累，他的微信平台已经有两万多的粉丝。

他管理的几个用户微信群除了解决售后问题、技术咨询，也经常会发发红包，跟大家聊聊天。甚至遇到小鹏生日，他还能收到网友的红包。

这份工作他比别人用了更多的热情和精力去投入，对于用户给予了更多的善意。命运也公平地回报了他。他那个让自己一群技术宅的同学们羡慕的女朋友，原本就是他的用户之一。

在川流不息的人群中，在行色匆匆的路上，谁也不知道这个小伙子已经成为很多人遥不可及的追赶目标。他依然以一颗平常心上路，在微商的路上执着前行。

第四节　生活：当工作融入生活，少了自由多了财富

任何的获得都要付出代价，作为将生活和工作放在一起的微商更是如此。

你想要悠闲的生活就必须承受订单少、客户少、收入少的代价；你想要大赚一笔，甚至实现"一个亿的小目标"，就必须比别人付出更多的努力。

成功人士的演讲里永远会跟你鼓吹机会、运气，事实上这是成功者才有资本鼓吹的经验。对于他们而言，当艰苦已经成为过去，幸福的当下似乎就成了全部。没有人会告诉你汗水和回报是等价的真理。因为他们更愿意相信爱迪生的那句："天才是由百分之九十九的汗水和百分之一的灵感组成的，但成功的关键往往是因为百分之一的灵感。"

作为还在奋斗路上的微商，如果相信这种"幸运说""天才论"，或许永远成不了赢家。

在一次论坛上，马云曾经很幽默地说过这样一段话："我很多年不看书了，也从来不在办公室看书。在我看来在办公室书架上摆着满满的书的企业家，十有八九是骗子，没几个真的去看过。"

确实如此，这是马云对于读书的理解，这并不意味着他否定读书的意义，相反他认为《论语》这类蕴含人类智慧的图书对于人生是大有裨益的。他只是在阐述一个道理：想要成功、想要投入工作，你必

第四章
微商：小老板的大目标

定会牺牲掉许多自己的爱好和个人时光。

微商更是如此，每天要忙于发货、清点、维护客户关系，甚至还要去拓展朋友圈，在建立互联网人脉上消耗大量的精力，根本没有太多自己的时间。

当你为自己打工，你会发现你的每一分每一秒都是具有可以衡量的价值的。这是很多人选择做微商，做自由职业的原因，也是很多人必须面临的取舍。

用七天去旅行一趟或许花几千元钱就够了。如果你在公司上班，这样的愿望休个年假就能达成。但是倘若你在为自己工作，那么你需要衡量的就不仅仅是休假的花费，而是七天不工作的成本。在微商的眼中，获得自由时光的代价其实远远比上班族大得多。

当然，这是一种考量成本、衡量得失的谨慎态度，但是也有人不在乎。例如在东京从事艺术设计工作的爱丽，对她而言，工作就是为了更好的生活。她规定自己每年只接三个项目，在半年时间内完成，剩下的时间就用来旅行、学习，给自己放假。

这种不食人间烟火的生活方式确实让人羡慕，但不是人人可以达成的。对于竞争激烈、并没有太多品牌忠诚度和信任度的微商而言，低门槛让这个行业兴盛，也让这个行业失去了一定的让人骄傲的资本。

假设你是一个做零食销售的微商，要用半年的时间去旅行，会让你丧失固定的客源；因为度假延误了发货，会让你陷入信任危机。最终的后果都是你的生意陷入窘境。

当然，这还不是最可怕的，最可怕的是做线上一些虚拟物品、知识销售的微商，例如代写文章、微信推广、投票等。对于这类微商而言，客户随时可能提出需求，你永远无法自己决定几点可以下班，因为你本就没有固定的下班时间。唯一可以让你休息的方式就是停止接洽业务，彻底休息。

有些人可能不服气："凭什么微商没有自由的时间，我为何要被这些业务束缚住？"前段时间在我的朋友圈就发生过这样一件事：一个在朋友圈卖手工蛋糕的朋友，很气愤地晒出她和客户的对话截图。并且真的非常强硬地放了客户鸽子，决定不做了。

事情的起因是客户下单比较急，当天下单，要求做一个自己儿子生日的蛋糕。而那位朋友的原则是必须提前三天预约。最终经不住客户的软磨硬泡，还是决定做这个蛋糕。

但是在沟通的过程中，因为客户的送货距离较远，当天是周末，导致送货延误了，客户已经不在约定的地点，要求她送往新的地点。对此她非常生气，因为在她看来，她已经为客户做出了妥协，而客户的要求越来越无理。

最终两人僵持不下，沟通不顺畅，蛋糕也没送出去。

这是一个双方互不体谅、太过计较从而产生的矛盾。但是作为旁观者看来，或许会更多地倾向于谴责不送货的蛋糕师。因为在这场甲乙方关系里，当你同意了当时的约定，客户就没有替你承担风险、分担坏消息的责任。

她的朋友圈发出之后，底下的评论大多都是批评或者劝阻她的，甚至她的朋友都认为她做得不对。

因为在人们的认知中，专业的微商首先要服务好客户，显然理直气壮地跟客户争吵并不是明智之举。同样，当你在从事微商之时，你

第四章
微商：小老板的大目标

的朋友圈也不仅仅是你的朋友圈，发送的任何东西都需要深思熟虑，否则你的一个小抱怨可能引发别人对你人品和服务态度的质疑。

选择微商，实际上也是在选择一种生活方式。在这样的生活方式里，唯有放下那个原本的自己，更加愉快地享受你的生活和工作融为一体的状态，或许你在收获财富的同时，才不会丢了幸福。

第五章

淘宝电商：一个人的Z种角色

第五章
淘宝电商：一个人的N种角色

第一节　定位：不是人人都适合开店

这世界上有无数条路，选择繁花似锦的路或者是选择笔直平坦的路，都是个人选择。职业也是如此，每一个人对职业的选择都是遵从内心的。但是面对选择，除了要遵从内心之外，还要认清自己。

正如微商、正如淘宝，这些看上去准入门槛极低的自由职业，实际上有许多无形之中的门槛。想要成为一个淘宝电商，远没有你想象的那么简单。

某些人根本不适合开淘宝店

看似简单的淘宝店，实际上具有无数的技能要求。一个刚刚起步的淘宝店，甚至要求它的店主是全能的。如果你只是害怕实体店的高额房租以及想要在网络的世界里大赚一笔，这份工作可能并不适合你。

1. 怕麻烦的人不适合开淘宝店

唯有万事俱备，才能从容面对。想要开淘宝店，并不是说在淘宝上免费注册个账号，就可以开始，而是要经过系统的筹划。

首先你要选定自己的产品。这要取决于你的资金储备、自我定位以及前期缜密的市场调查。倘若你要卖女装，你就要首先搞明白你想要做的是原创品牌、时尚代购、品牌代理还是服装批发市场那些更新速度快的廉价时装。唯有决定了这些你才能评估你的资金是否充足，才能考虑你的进货渠道。

其次，店铺的风格、店名的选择也是你必须要考虑的，因为这意味着之后你的店铺的主要营销方向和宣传方向。在这一步之前你必须先确定你的商品类型和客户群体，才能更加合理地决定风格和店名。例如你决定做一家特别具有个人风格的原创品牌，就不能用淘宝上已经有成千上万家在用的又土又俗的店面模板作为你的店铺风格。在整个店名选择和文案风格上也要更加清新脱俗。

当然，你要考虑的还有初期的营销活动、推广方式、快递合作……每一个细节都要提前考虑好，才能迈出成功的第一步，走一步算一步的方式不适合淘宝店。

2. 低情商是淘宝店主的大忌

自从有了淘宝，全世界的陌生人或者客户都有了一个新的称呼"亲"，而所有的对话似乎加上几个语气词，例如"呢""呀"就变得亲切了许多。虽然人们一直热衷于调侃淘宝客服这种说话方式，但不得不承认在淘宝的世界里，亲切感是必要条件。

因为中国人传统文化中讲究"见面三分情"，在实体店中面对面地交谈时，虽然也会产生一些纠纷，但是远远没有在淘宝的世界中来得激烈。

在网络的世界中一切皆有可能，在现实生活中的好好先生、乖乖女到了网络的世界里也可能变身为愤怒网友。总之一句话，线上的矛盾和投诉远远要比线下的多得多。而且因为线上交易中缺少用户体验环节，在电商平台管理中更加注重用户满意度的调查。所以才会出现刷好评、重皇冠的运营方式。

第五章

淘宝电商：一个人的 N 种角色

不得不承认的是，情商低、客户服务差，这样的淘宝店信誉值永远高不起来。

3. 没勇气、不专心的人请远离淘宝店

大家选择从事淘宝电商的理由五花八门，但有一小部分人是抱着侥幸心理。他们可能主业并非是淘宝运营，但是又眼红于淘宝运营的风生水起。于是他们在淘宝上注册个账号，从其他人那里拿到一点代理权甚至直接用别人的图片充当自己的产品，然后有人下单购买后再从其他的淘宝店以低价购入相同货品发出，从而赚取差额利润。

这种人实际上就是社会中常见的投机取巧、耍小聪明的人。既不想要承担风险，又想要在淘宝电商这块大蛋糕上切一块。这种妄想天上掉馅饼的事情做到最后发现只是天方夜谭，只能害人害己。

首先在这类人所谓的如意算盘中自己是零成本投入的，其实不然，因为你作为中介的角色依然要去为客户寻找货物，甚至要承担断货、供货不足的风险。

此外，这种作为中间商的角色，不能保证货源的安全性，又不能合理专业地处理售后问题。为此，你付出了时间精力，可能结果只是竹篮打水一场空。

这世上没有捷径可走，淘宝电商更不可能给你零风险、零投入、纯收益的机会。

脚踏实地，技多不压身

懒散、没魄力、不专业、低情商都可能成为你电商之路失败的原因，或者说这些糟糕的品质会让你所有的事情都走向失败。

唯有脚踏实地，一步一个脚印，才能真正厚积而薄发。生活如此，工作如此，电商运营更是如此。

当你处于创业初期，你只是一个人在奋斗的时候，你会发现你就是这个店中的老板、收银员、点货员、分拣员、财务，甚至有时候还是快递员。作为创业中的一员，你必须学会随时适应自己的N种不断变换的角色。

当店铺需要美工，你就是设计师；当店铺需要宣传片，你就是导演；当店铺需要文案，你就是写手……即便不是最专业的，但至少要略知一二才能链接最专业的资源。

其实只要你愿意抱着一颗虔诚而谦逊的心去学习、去努力，每个人都可以在电商的事业上做得风生水起。但即便你勤奋、情商高、有追求，也未必是最合适的电商人选。

因为在开始这项工作之前，你首先要知道自己的出路在何处，知道自己想要的是怎样的一个世界。想要当个快乐的自由职业者，想要当个幸福感爆棚的电商，你必须明确你热爱这份职业，继而充满热情、善意和冲劲地去拥抱它。

第二节 机遇：抓住市场更要抓住热点

纵观所有成功的电商，他们在运营过程中未必是一帆风顺的，遇到的风险也各不相同，但成功的秘诀里始终存在共同点——懂得找市场，懂得抓热点。

市场经济的背景下，唯有把准市场的脉搏，才能立于不败之地。过于固执、画地为牢，在需求不断变化、资讯飞速发展的今天注定无法成功。

学会从众，是最实用的"笨方法"

从事饰品销售的刘普，从学生时代开始就在做这项营生，只是当时并没有现在的淘宝电商，他都是通过校园邮购的方式销售。

一开始他选择自己先进货，靠自己的判断选择一批当下流行、时兴的银饰，再通过学校的创意集市、自己的传单推广、线上社交平台推广等方式向外贩卖。

但是当毕业来临，一批几十公斤的银饰却砸在了手里。他无暇继续自己的这种宣传销售方式，原本的饰品也在自己忙碌着考试、毕业答辩的日子中渐渐过时了。这些东西成为压在手上卖不出去的库存。

在那一刻，刘普才意识到跟从客户群体、关注自己的供应链的重要性。虽然这批饰品最终因为银价的上涨并没有让他亏本，却让他意识到了供应链的重要性和顾客需求的重要性，对他以后电商的经营起到了极大的借鉴作用。

于是，刘普从传统的销售模式跨入淘宝电商模式后，不再采用原本的大批量购买、分批销售的方式进行经营，而是相信顾客的眼光，采用取样购买，按照客户需求采购的方式进行。

这种模式到底是如何进行的呢？其实简单来说就是做好市场调查。在正式发售之前，刘普会买入当下供应商手中大部分款式的银饰各一件，经过分析比对并放到社交平台中让网友投票选择。其中网友投票最多的银饰款式就将成为本季刘普线上银饰店的主打商品。

事实证明，这种听从客户意见的采购方式是明智的。因为无论你对流行做过多少分析、事先做过多少调查，都没有用户有发言权。他们才是实际的购买者，他们的喜好最直接地代表了市场的导向。

当然，有些潮流达人或者时尚爱好者会说："我不会去追随潮流，而是要去引导潮流。"这是一种更加高级的营销方式。但是对售卖大众饰品的刘普而言，客户就是上帝才是他的运营哲学。

信任客户并不意味着刘普完全依赖客户，他的淘宝店能够在短时间内达到每月十几万元的销售额，还取决于他的自我提升和不断充电。线上电商课程、跟电商达人交朋友，这些都是刘普提升自己的方式，也是他迅速掌握市场行情、把握市场动态的窍门。

追赶热点，有时候是为了规避热点

在做人与做事上，迎风而上、勇往直前固然值得敬佩，但顺流而下、知难而退有时候是一种更为难得的人生哲学。

创业第二年就达到1500万元的销售额，无论在淘宝、天猫还是京东上这都是一个让人瞠目结舌的耀眼成绩。而取得这个成绩的就是吕燕带领的三人小团队，他们经营的是一个非常冷门的类目——皮草配饰。

诚然，从他们的销售额就可以看出，这个冷门类目在他们的经营下炙手可热。而他们选择这个类目的初衷正是因为够冷门、竞争不激烈。这是一种逆向思维方式，但也是一种非常聪明的方式。

在一次采访中蔡康永曾经这样回忆他跟著名导演王家卫的一段对

话，他说自己当年在采访王家卫导演时，王家卫曾对自己选择从事文艺电影的拍摄做出了这样的解释："拍文艺片实际上是我规划好的一件事情。因为在香港电影界功夫片有老大，喜剧片有老大，警匪片有老大，但是文艺片似乎还没有，感觉自己可以搞好这一部分，所以就选择拍文艺片了。"

连看上去最不食人间烟火的文艺片大导演都诙谐地提到自己在从业选择时会有意识地规避热点，吕燕团队的选择就不难理解了。

当然，精通店铺运营的她不仅仅是选择了小类目就能成功这么简单。她创立了自己的品牌，与十几家原材料供应商签约，保证了自己供应链的畅通。而且她说："做淘宝店一定要是全能的，如果你没有条件招募一个专业团队，你就要自己什么都懂。"

创造热点，做好自我的推销

在这个离不开炒作的时代，淘宝店也需要自我炒作。因为流行、热点本就在一定程度上是自己炒作的结果。

在淘宝上售卖同样的商品，有的店每个月可以卖出上万份，有的店可能一单都出不了，区别就在于他们是否对自己的产品进行了推广，是否对自己的店铺进行了推广。

最开始涉猎电商行业的王琳，对于电商运营一无所知。她选择在网上售卖一款没有什么知名度的化妆品。结果可想而知，原本消费者对于淘宝店的信誉就相对存疑，她销售的化妆品又非常冷门。店铺完全没有流量，第一个月订单数为零。

这一方面是市场定位的失误，一方面是不懂炒作的结果。总结失败教训的她，不再选择这种冷门产品，而是选择了代理一款知名的治疗青春痘产品。

本身就有一些青春痘的她，选择了自己用过的值得信赖的产品。并且以自身为例子，在淘宝上分享前后对比图。通过多种渠道进行宣传，客户就随之而来。更换产品的第一个月，虽然没有一夜爆红，但是收到了几百个订单。

在整个电商的摸索中，王琳失败过、也成功过，她总结的经验就是："你要确保自己商品的独特性，但又要确保它是迎合大众需求的。唯有如此才能去放大它的优点。当然作为小本经营的人，尽量不要去和大卖家对着干，人家的一阵风可能就把你吹跑了。"

善于抓热点、创造热点、让市场风向为我所用，这是淘宝电商必备的技能。在这个过程中，品质的保证、品牌的树立同样重要。因为再好的炒作和宣传也不过是吸引用户的手段，品质才是留下用户、让生意长久的根基。

不妨当个电商的"标题党"，以热点为导向，但别忘了"内容为王"，外表光鲜，内在也要充实。

第三节　挑战：攒人品的N种方式

对于淘宝电商而言，"人品"极其重要。这里的"人品"即店铺的信用值。在线上店铺中，店铺信用值是买家衡量店铺好坏的重要标准。

第五章
淘宝电商：一个人的 N 种角色

在目前的淘宝市场中，竞争越来越激烈，根据相关统计，每天大约有 5 万家淘宝新店开张。而在这片激烈的竞争土壤中想要冲出重围，"人品"格外重要。

"人品"很重要，但获得人品的方式更重要

淘宝的"人品"固然重要，但是很多人会走入一种误区，认为"人品"的获得最快的方式就是刷信誉，然后为此走捷径，无所不用其极。

但是作为承载这些淘宝电商的最大平台，阿里巴巴已经开始严厉打击这种行为。刷信誉显然不是长久之计。

在电商运营中常见的刷信用方式主要包括以下几种：

（1）笨鸟先飞型。这种类型的电商往往是资金少、小本经营初入这个行业的菜鸟。一般的运作模式就是自己多注册几个淘宝号购买自己产品，然后再完成好评；或者通过发动亲戚朋友进行这项业务。但是亲戚朋友人数有限。自己用同一个 IP 刷单，90% 会被淘宝封号。

（2）互帮互助型。这完全是把人脉用错了地方。通过和朋友之间互相刷单互相帮助，通过淘宝后台检测可以发现你们互相购买的重复率极高，结局依然是封号。

（3）组团刷信用。很多人会为了节约时间、提高效率，组成自己的刷单群或者将自己的刷单任务交给这样的刷单中介承担。这跟微信投票群的功能如出一辙。甚至还有段子称："当初刷淘宝单的那群人，现在都改行刷投票去了。"这种方式不仅可能遇到骗子，让自己的钱打了水漂，还有可能面临被封号的危险。

当然，除此之外还有各种刷单平台、刷单神器，但是这样刷出来

的信用不但不真实，一旦被淘宝查到就会面临被严惩的危险。

在这种层面上，淘宝电商的信用之路就如同通过学校的升学考试，你可以提高自己的学习效率节约时间成本，却不应该用作弊的方式来达成考高分的目的。因为这种运作不仅仅让你的信用得不到提升，还会从侧面证明你的人品不好。

捷径是有的，但请用对方式

如果不能通过刷单的方式来达成自己攒"人品"的目的，是否就真的没有捷径可走呢？

因为淘宝市场上，一个新的店铺所有的一切都是零，如果不能在信誉上脱颖而出，那么也就很难让人看到自己的产品。

在淘宝上开手机配件店的小铭同学就遇到过这样的问题。作为大学生创业者，他的淘宝店没有那么多的资金让他进行推广宣传。因此开张第一个月，颗粒无收。

这在淘宝上是很正常的现象，毫无推广的店铺在海量的店铺中确实很难被发现。但是之后小铭采用了一种很聪明的方式来提升自己的信用值——低价营销。

他选择了自己店铺中的一款手机贴膜的产品。这种产品在跟厂家直接进货时不过一两元钱的成本，但在网上最低也要买到10元钱。于是小铭采取"买满十元送贴膜"以及"邮费价免费送贴膜"的活动。

当然，推广活动出来了，没有人知道也毫无用处。所以他在各大手机爱好者的论坛、贴吧以及自己庞大的同学群里进行发帖推广。

结果一个月下来，他的淘宝店就冲上了一钻。而且通过送贴膜的方式，也促进了店内其他商品的销售，整个月的销售额达到了1万多元。之后在淘宝店的营销中，他也多次用低价战来提升信用。

但说到底，小铭店铺成功的关键还是在于产品。他进货的产品大多质量不错、价格合理。就算是偶有瑕疵或者在运输过程中出现一些小问题，他也通过重新赠送客户同款产品、耐心解答客户问题等充满诚意的方式赢得了回头客。

攒"人品"的道路或许有无数条，终点都是为了能够促成销量，但起点一定是产品质量。成功的道路有千万条，但初衷永远不能偏离人品。

第四节　拓展：美工、客服、运营、销售……你需要一个团队

在艺术的领域中，全能型人才或许意味着是一个庸才，因为艺术需要某一方面是突出的、闪光的。普希金的数学是零分，凡·高的性格古怪，这些缺点会成为艺术家成就传奇时的点缀，无伤大雅。但是作为一个个体运营者，作为一个淘宝电商，你或许需要更加全面的才能。

在整个电商的运营中，细数整个流程：注册账号、建立店铺、宣传推广、售前售后服务、物流配送、跟踪分析……这是一个复杂而庞大的体系。

一个人就是一个团队
——自由职业的真相

起步阶段：你必须是全能的

基于电商运营的特点，在整个店铺的起步阶段，作为创业者，你自身必须做好充足的准备，换言之，你要做好十项全能的准备。

不仅仅是电商，这是很多创业型公司的共同特点。在你不能负荷更多的人力成本时，你自己就需要成长为可以操作每一个环节的全能型人才。

你需要自己建立店铺，这就意味着你需要一定的网络后台操作能力和一定的图片处理能力。当然，如果你的店铺比较特殊，例如药店、眼镜店等专业性要求较高的店铺，你还需要拿到相关的许可证，这又要求你具有一定的法律常识和专业技能。

当然，店铺建立后就是考验你的文案功底和推广能力的时候了。倘若你没钱雇佣写手，就需要你撰写大量的软文，并且知道发布的渠道有哪些。

除此之外，店铺客服是你，店铺清点是你，店铺销售还是你。你是老板，也是员工。等你的店正式步入轨道，你自己也被磨炼得坚不可摧了。这是电商或者说自由职业带来的别样收获。

因为在大多数规范运营的企业中，即便是电商企业，每个人都分工明确，你只是其中的一环，是无法感受到如此庞大而又复杂的整体运营体系的。

发展：你需要是善用人才的伯乐

人的潜力是无穷的，但人不是万能的。当淘宝店发展到一定阶段，

第五章
淘宝电商：一个人的 N 种角色

你感觉自己越来越力不从心的时候，或许就到了你需要聘用员工的时候了。

众人拾柴火焰高，这是千百年来不变的道理。但是对于本小利薄的淘宝店而言，钱要用在刀刃上，每一个员工也要用在刀刃上。

例如你每个月只有 50 个订单的时候，或许你一个人就可以担任整个店铺的各种角色；当你一个月有 500 个订单的时候，你可能需要另外一个全能型人才；当你一个月有 50000 个订单的时候，你可能才要开始考虑每一个岗位安插一个专业人才。

你选择人才的标准和数量必须依据店铺的发展规模而定。有一些创业型团队会陷入这样一种误区，认为人越多越好。正如已经不复存在的"神奇百货"，在 A 轮融资之后疯狂扩张，最后入不敷出，导致公司倒闭。

当然，始终如同葛朗台一样，自己独自守着店铺也毫无发展。拓展与否必须根据实际情况而定。选择人才更要根据需求确定。有些店铺中有三个客服，却一个美工都没有，更要命的是这还是一家原创服装店。这种情况带来的窘境就是：它的售后工作虽然做得不错，但服装本身缺乏吸引力。因为拍照、图片处理水平参差不齐，有时候是老板自己做，有时候是有空的客服做。

在这样的情况下，不如减少客服的人数，聘请一个专职或者兼职的平面设计师，用来对服装进行包装处理。

当然，也有些店铺非常重视推广，一个小小的店铺，供养一个月收入近万元的专职文案。这同样是一种没有必要的事情。因为你的产品体量不够大，更新也不算频繁，文案或许只需要在产品更替或者营销的节日中才需要。这时候请兼职往往比专职更为明智。

　　从一个人到一个团队，这是电商发展的必由之路，也是电商经营成功的重要标志。物尽其用、人尽其才，你需要首先让自己全才才能掌控全局；其次，你需要你团队的任何一个人都物超所值，那就必须把每一个人都摆在适合自己的位置上。

第六章

艺术家：再高的格调也离不开穿衣吃饭

第六章

艺术家：再高的格调也离不开穿衣吃饭

第一节　责任：在做艺术家之前你首先是一个社会人

艺术源于生活，艺术又高于生活。但人们往往只看到了后半句，却忽略了最重要的前半句。在很多人眼中，艺术是一种与现实生活相背离的东西，是离经叛道、光怪陆离的。但事实上，回归艺术的本质，回归艺术家的本质，依然无法脱离实实在在的人生。

这一点，在著名的雕塑艺术家翟广慈身上或许能够充分说明。他的身上有无数的标签，比如艺术家、商人、设计师，但对于翟广慈而言，或许他不过是一个懂点儿艺术的社会人，怀揣着梦想和责任，想要让这个世界多一点儿对艺术的认识。

翟广慈曾经说过："商人的身份有时候比艺术家更有意义。"这是他人生的真实写照，或许也是他跨界从艺术家转行成为商人的重要原因。

不是疯了，而是清醒了

从艺术家转行成为商人，在很多人眼中这样的选择是不可思议的。好像原本你在高不可攀的神坛，一下子就低到尘埃里。对于翟广慈和妻子向京的选择，很多不理解的人这样评价："这两个人想钱想疯了吧？竟然开始经商了。"

诚然，当你身处事外之时，确实可能存在这样的偏见。但这是对

一个人就是一个团队
——自由职业的真相

艺术、对艺术家一种不公平的认知。认真审视翟广慈夫妇的人生就会发现，这样的跨界或许不是一种自甘堕落，而是人生另一种意义上的升华。

在上海的闵行区的小弄堂里，有一个翟广慈夫妇的工作室。这是当时翟广慈夫妇任教的上海师范大学雕塑系为其提供的创作空间。那是上海师范大学对于这两个年轻艺术家的优待，是完全属于他们的创作空间。在这里，他们度过了单纯轻松的创作时光。

这段时光里，夫妇两人每天的日子就是创作、教课、探讨专业的问题。无疑，这对于艺术家而言，是难得的，但是同时也存在着隐形的危机。

当你处于始终安逸、平静、两点一线的生活中时，创作的灵感也会越来越少。这是安逸的代价，也是艺术所无法承受的代价。随着时光流逝，翟广慈越来越能感受到这种危机：学校让人厌倦的体制束缚、越来越受局限的创作环境、同事之间以及师生之间不得不面对的烦琐社交……生活和创作都让他越来越感觉力不从心。

于是，他做出了一个让人跌破眼镜的决定——辞职，离开上海去北京创业。

这是常人所无法理解的决定，但是这也是对于翟广慈夫妇而言不得不忍痛做出的决定。固有的生活模式被打破，创业的新生活刚开始。前路未知，但是他们重新获得了心的自由。

艺术其实也可以商业化

转行成为商人，带着无数人质疑的目光开始，翟广慈用实力证明

第六章
艺术家：再高的格调也离不开穿衣吃饭

了"艺术其实是可以商业化的"。"翟广慈和向京在拍卖市场的总成绩高于中国所有雕塑家的总和。"这是翟广慈夫妇交出的成绩单。

当艺术获得认可，艺术才真正具有了价值。因此回到北京的翟广慈在三里屯建立了自己的艺术品牌——"稀奇"。

"改变当代艺术市场上价值和价格不对等的现状，打破传统意义上僵化陈腐的审美观。"这是"稀奇"存在的意义。在对于"稀奇"的定位上，翟广慈非常明确："这首先是一件礼品，其次才是一件艺术品。"

换言之，"稀奇"的产品首先是具有商业价值的，其次才是其艺术性。这两者是毫不矛盾的。在他看来，艺术品和商品的区别在于艺术品是自说自话，是更加自我的创作，没有传递所谓正确价值观的责任；但是作为一件商品，在被标注了价格的同时，也必须承担起一种积极向上的能量，要与购买者产生链接和沟通。"稀奇"从这一点上，首先是商品，其次才是艺术品。

作为中国最著名的雕塑家，翟广慈的"稀奇"定价不菲，每件商品标价几千元到几万元不等。这种商业化的经营或许不被一些行业内的艺术家所认可，但它在自己的路上切实发挥着传递正能量的作用。

从 2010 年开始，"稀奇"品牌屡获国际大奖，开始在国际舞台上发光发热。从伦敦设计周到巴黎家居时尚博览会，再到被 BBC 评选为"最佳艺术风格"礼物。翟广慈的"稀奇"让中国品牌扬名海外。

他们把艺术品做成高端品牌，实现艺术和商业的有机结合。随着翟广慈的成功，当年那些讽刺的言论渐渐散了。翟广慈又成了"让艺术跟生活对话""艺术家跨界成功"的典型。对于这样的褒奖，翟广慈一笑置之。

诚然，开始创业的初衷或许并不是希望能够让品牌获得多少商业价值，但是对于自己的转型，翟广慈依然拒绝被神化和标签化。他说："我是一个非常物质化的人，之所欲创建'稀奇'，是因为我够真实，敢于面对真实的自己。"

或许艺术从来不必是高高在上的，如同翟广慈一般，他既是成功的商人，也是令人敬佩的艺术家。更难能可贵的是他敢于面对真实的自己。对于自己的这次跨界，虽然有社会使命的成分在，但是翟广慈依然坦然地承认这里面还有他对于物质的追求和金钱的追求。正如他坦诚地说道："我喜欢名牌，也喜欢奢侈品。"其实只要诚实地面对内心，赚取劳动所得，就没什么好羞愧的。

艺术不应该是一种形而上的东西，真正的艺术家也不应该是不食人间烟火、离经叛道的。

你可以自由洒脱，追求赤贫但丰富的精神世界；也可以勇于承认自己对物欲的追求，用自己的艺术才华创造商业价值。

毕竟大家皆凡人，是人不是神。艺术家也要穿衣吃饭，物质保障才是持续创造的动力。当你转个弯，实现艺术与商业的结合，或许会发掘艺术的另外一种可能。

不要为艺术设限，更不要为人生设限。

第六章
艺术家：再高的格调也离不开穿衣吃饭

第二节　营销：没有慧眼，金子也会蒙尘

这世界上的任何价值都要有所参照。正如那些在橱窗里的艺术品，不经过拍卖会，不经过收藏家的鉴赏，我们永远无法为它定义价值。才华横溢或者价值连城从来都需要慧眼识珠。

人生或许就在眨眼之间，艺术家的生命更是珍贵和短暂的。在这样的艺术时光中，如果始终没有人欣赏，那么艺术在一定程度上就等于蒙尘的金子，即便价值千万，在众人眼中也不过是一抔黄土。

有人说："艺术家是距离地球太远的星星，直到消亡后一段时间才能被人发现他的光芒。"凡·高、莫奈、维米尔都是如此，直到死后的一段时间才被人发现他们的价值。

但是这样的发现又是何其悲哀。虽然"是金子总会发光"，但是如果不主动绽放光芒，等待世人的自觉发现，或许要等待百年千年的时光。当艺术家已经从这个世界上消失，价值被发现又有什么意义呢？

当然，对于艺术的发展而言，我们必须承认这始终具有意义，但是对于艺术家本人而言呢？那些迟到的掌声他们听不到了，那些迟来的赞美他们也感受不到了。对于他们而言，这些晚到的认可毫无意义。

所以，艺术有时候也是需要营销的，酒香也怕巷子深。唯有主动让自己的价值被发现，这为艺术奉献的一生才显得不虚此行。否则艺术家或许和凡·高一样，会在不断的失望、潦倒和无奈中走向精神错乱，

甚至是自杀的路途。

没有无缘无故的欣赏，只有充满套路的炒作

这或许是很多人不愿意面对的真相——艺术的成功很大程度上离不开炒作。正如电影需要前期预热炒作，图书需要前期预热炒作，艺术家也同样如此。

这并不是商业化的现代社会才有的产物，而是自古以来就有的规则。闻名世界的画家毕加索实际上就是个炒作高手。

毕加索在二十五岁的时候就已经颇具名气，这其实源于他出色的营销才能。纵观毕加索的一生，我们可以发现，即便是作为最自由的职业之一的艺术家，其实在其成功的道路上也充满了规则和计划。

在毕加索之前，很多艺术家并不懂得为自我炒作，而结局可想而知，往往是穷困潦倒、郁郁寡欢，早早地葬送了自己的艺术生涯甚至是生命。维米尔去世的时候只有四十多岁，而凡·高在三十多岁的时候就结束了自己的生命。但毕加索却让自己的艺术生涯从二十五岁一路辉煌到了生命的终结。

关于毕加索的炒作之路，有个非常有名的故事。在他刚刚到巴黎时，画作并不受欢迎。但是聪明的毕加索想到了一个提高自己知名度的方法——自我炒作。

他雇佣在巴黎读大学的学生每天到巴黎街头各个画店去转悠，但什么都不买。这些大学生离开画店的时候都会问一句："你们这怎么没有毕加索的画呢？我只想要买毕加索的画。"

时间久了，很多画店老板都开始对这个叫作"毕加索"的画家充

第六章

艺术家：再高的格调也离不开穿衣吃饭

满好奇。这时候，当毕加索出现在画店老板的面前，情况可想而知：他受到了空前的欢迎，画也卖了个好价钱。就这样，毕加索用自我营销的方式在巴黎赚到了自己的第一桶金，也拥有了自己在艺术界的知名度。

当然，这个聪明的艺术家的营销方式远不止如此。他会制造自己的画被多家哄抢的假象来提升自己作品的价格；他会通过根据市场需求改变画风来增加自己作品的商业价值；他甚至为了与画店老板、画作经理人搞好关系，他还会帮他们私人定制画作……

卓越的商业头脑让毕加索为自己树立起了"毕加索"的专属品牌。他或许是最早也是最会营销的艺术家。他的营销模式为之后艺术家在自我推广上提供了很好的借鉴。

艺术营销多种多样，但最终殊途同归

艺术推广的形式是多种多样的，但其实目的都只有一个——让自己的艺术被认可，让自己的艺术可以发展得更好。

在现代社会中，艺术家已经不需要如同毕加索一般进行自我营销了，因为你会发现这个时代成功的艺术家背后都有着庞大的营销团队。因为艺术的发展需要，现在已经衍生出帮助艺术家成名和发展的专业经理人。

或许有人会质疑："幕后有团队操作的艺术家，是否会太过商业化，失去了原本的艺术性呢？"其实不然，很多时候，艺术家雇佣团队正是为了让专业的人做专业的事情，从而更好地进行艺术创作。

中国著名钢琴家郎朗曾经提出："商业让艺术更完美。"这个充满争

一个人就是一个团队
——自由职业的真相

议的青年钢琴家，用一本记录自己艺术生涯和成长之路的自传《千里之行：我的故事》告诉人们：艺术需要依靠商业的支撑；艺术家可以有计划地培养，用商业来塑造。

经过父亲的魔鬼式训练，就读国外一流的音乐学院，参加各类国际钢琴比赛，参与大型国际交响乐团……郎朗的每一步艺术之路实际上都是一种商业模式。

而他真正成名是在17岁芝加哥的拉文尼音乐节明星演奏会上，在此之前他默默无闻。但是因为这样一个偶然的机会，他用一曲跟芝加哥交响乐团合作的柴可夫斯基的《第一钢琴协奏曲》震撼全场。那场演出现场有两万名观众，影响力享誉国际。正因为这样一次成功亮相，他开始广泛地出现在大众视野中。

自此之后他接商演，参与音乐会，和流行音乐跨界合作。郎朗可谓是青年钢琴家中将商业、艺术、公益完美结合的佼佼者。

艺术不应该为商业屈从，但是商业却可以服务艺术。很多艺术家看起来妥协于商业，变得越来越商业化，其实是为自己的艺术之路开辟了另外一种模式。

他们通过商业的路径让更多的人知晓艺术，让看上去高不可攀的艺术真正融入群众。

这样的艺术家还有太多太多：现代舞蹈家的领军人物金星如今因为脱口秀而出名；著名话剧演员李立群为了维持剧团表演参与电视剧制作……

退一步海阔天空，当艺术的羽翼被风暴打折，商业或许会成为支撑艺术家飞翔的另一种可能。

第六章

艺术家：再高的格调也离不开穿衣吃饭

第三节 求全：开一家公司或许比办一次画展现实得多

"其实世上本没有路，走的人多了也便成了路。"鲁迅先生如是说。艺术家在艺术创作上有成就，同时本质上也是普普通通的人。他们用艺术表达自我，或许他们充满勇气的原因正是他们自己需要这样一条路。

打破刻板印象，你的选择并不低贱

人们总说"职业不分贵贱"，但是在现实生活中却又往往用世俗的眼光为职业定义了高低贵贱。例如在大众眼中，画家比京剧演员高级，京剧演员比电影演员高级，电影演员比电视演员高级……

无数的刻板印象、庸俗的标尺将人分为了三六九等，就连人自己在发展的过程中也给梦想定义了高下。从最单纯的孩提时代，老师就鼓励孩子当科学家、当画家、当哲学家，却从来不会鼓励孩子希望成为卡车司机、售票员、服务员的单纯梦想。

这是这个社会不能改变的顽疾，在普通职场中时有体现，在自由职业的生涯中尤为严重。

只是不同于儿时对你梦想成为"大家"的积极鼓励，当你二三十岁，依然沉浸在梦想成为"家"的美丽幻想中，无须周边的人多言，现实就会狠狠地给你一巴掌。

一个人就是一个团队
——自由职业的真相

这是无数艺术院校面临的问题。很多人在选择美术、表演、文学这些充满艺术性的学科的时候，心中往往都还燃烧着有一天能够著书立说、扬名天下的微小火苗。只是在现实面前，大多数人会被冷水浇醒，继而安安心心地当个普通人。

可笑的是，社会对于梦想的衡量标准却一直在变：当你年幼时，他们无条件地支持你的"异想天开"；当你长大后，他们又开始批评你的"天马行空"。

生活不应该被太多世俗的枷锁束缚，但同时生活的追求也不应该高于生命本身。网络中流传这样两句话："别跟我谈感情，伤钱。""别跟我谈理想，戒了。"这是对现实生活最大的嘲讽，也是对情怀、对理想最心灰意冷的体现。

曾经在一个知名情感调解类节目中有这样一个故事：一个身材高挑、面容姣好的女大学生，选择业余时间去当一个厕所清洁员来勤工助学、贴补自己的生活费。她的行为被媒体广泛报道。但是当时她的男友，一个家境优越的小伙子因此跟她闹上了节目，原因就是嫌女朋友的工作太丢人，希望现场情感专家帮他劝说女朋友放弃现在的工作。

现场嘉宾问这个男生："你希望自己的女朋友做什么工作呢？"他不假思索地说："反正不希望她做清洁工，太丢人了。我在我朋友面前都抬不起头来。如果可以的话，还是希望她做模特，她条件这么好，做模特多好啊，我也有面子。"

其实整段话的重点就在于"我也有面子"。很多时候人们被所谓的面子、所谓的世俗眼光束缚了自己。特别是在艺术院校中，这些未来的艺术家或者艺术从业者，因为周围朋友同学的行为、因为父母老师

第六章
艺术家：再高的格调也离不开穿衣吃饭

的期盼，盲目地选择了不适合自己的道路。

越来越多的人选择带孩子学钢琴、学绘画；越来越多的艺术院校学生无所不用其极地想出名。但事实上，当模特真的就比做清洁工高尚吗？当个画家、艺术家真的就比踏踏实实经营生活更加可贵吗？

其实不然，唯有选择真正适合自己的人生，才能真正获得幸福。打破固有印象，认清自己的界限，你或许会发现你所谓不符合他人期待的选择实际上并不低贱。

追逐理想，但别给自己编织不切实际的梦

有人选择在追求艺术的路上改变方向，是真的发现这条路不是适合自己的路。有人则是因为发现自己在这条路上奔跑得已经越来越力不从心，才不得不更改方向。这两种选择一种是主动行为，一种是无奈之举，却都是明智的。

因为理想不等于"做梦"，梦想跟理想的最大区别就在于前者遥不可及，后者可以通过努力实现。当你发现你一直坚持的道路只是一个虚幻的美梦，那么不如沉淀自己，选择可实现的理想。

毕业于清华美院的木青就是梦想死在蜕变路上的一员。作为一个从小学画、天资聪颖的女生，从小到大一直是家长和老师的宠儿，集万千宠爱于一身，期待自己能够用笔画出别样人生。

但是当她真正步入大学才发现，自己的小小天赋真的不算什么。在聚集了全国最多美术天才的顶级美院，木青的成绩只能算是平平。天之骄女的优越感在这一群跟自己旗鼓相当甚至超过自己的同学面前被打击得支离破碎。

一个人就是一个团队
——自由职业的真相

更让木青受不了的是，授课导师对她的画的评语是："笔触娴熟，灵气不足，匠气太重。"十六个字实际上归根结底用四个字就可以概括——缺乏天赋。

被杂志社退稿、比赛没有名次、无论多努力始终成绩平平……当现实的瓢泼大雨倾盆而下，木青开始意识到画家之路或许真的不适合自己。所以在毕业之后她选择跟朋友创建了一个小型的广告工作室，开始自己从艺术家向着商人的蜕变。

这是成长的代价，也是认清自我的代价。换一条路去开辟，不是因为缺乏勇气，而是另一种勇敢。遇到南墙就回头，有时候比不撞南墙不回头更加需要魄力。

找到自己正确道路的木青，凭借良好的创意和专业的口碑在北京的广告圈取得一席之地，合作的厂商涵盖许多国内外一线品牌。偶尔同学的近况传来，听闻谁谁又在国外开了新的画展，木青羡慕有之，却知道这并不是属于自己的路。

艺术有时候被迫因为生活委曲求全。但更多的时候，选择是因为基于对内心的清晰认知，无关压迫，无关妥协。

从梦想开画展到成为广告公司老板，木青的人生在对自己的天赋求全、对人生求全，但并不意味着结局不完美。

现实，从来都不是一个贬义词，假如生活堵上了你的一条路，没必要死磕到底，回个头、转个弯，另外的一条道路或许就在眼前，依然花香四溢，风景宜人。

第四节 圆梦："满身铜臭"或许是实现梦想的基础

无论我们为艺术家寻找多少理由，只要当艺术与金钱、商业扯上关系，都会充满争议。有人觉得这是对艺术的侮辱，有人觉得这是另一种形式的传承和推广。

其实，评断艺术是否"满身铜臭"要看其所占的比例以及最终达到的目的。

本质远比表象重要

最近，一则《魂系山河》画作的广告在行业内引起了极大的争议。关于艺术品、艺术家是否应该打广告在行业内引发了讨论。参与这场广告推广的孙刚和徐啸力认为自己的这种推广行为实际上是对艺术的一种传播。

孙刚说："我们不否认这次的广告有让自己出名的目的，但更多的是希望《魂系山河》这样一部史诗般的画不被埋没。这幅作品是画家李延声花费了两年的时间完成的，对鸦片战争进行了细致深刻的刻画。这是一部有着深刻社会寓意的作品，更是一种公共艺术，我们有义务让大众了解它。"

虽然他为自己做出了辩解，但是业内的人士似乎并不愿意买单。

一个人就是一个团队
——自由职业的真相

中国书协理事、北京书协副主席彭利铭说："所有的东西都要看活。"在他看来，艺术只要足够有价值，就会得到业内的认可，无须进行这样的炒作宣传。

中国是一个讲究含蓄的社会，在中国艺术中更是如此，千百年来，艺术都是一种犹抱琵琶半遮面的状态，西方的商业推广模式似乎与之格格不入。彭利铭还说："只要不触犯广告法、商业法，我们无从责备艺术家做广告的行为，但是如果是我做个人展览，肯定不会这么干。"

总而言之，他认为艺术品是不应该被商品化的，只有真正具有艺术价值的艺术品才能为人所欣赏，这其实还是一种固有的"是金子总会发光"的观点。

参与这次推广的另一位画家徐啸力则对自己的行为这样解释道："我们的这次广告是对于作品的推广，不是包装也不是炒作。这只是一种广而告之的行为，没有任何的过度美化。从本质而言，我们是顺应艺术发展的潮流，让更多的人了解艺术，让艺术走向大众。"

诚然，这场争议远没有因为两位画家的解释而到此结束。但又如何呢？任何一种讨论和争议实际上就是传统观念被冲击、被动摇的表现。争议还在继续，但随之而来的进步也在逐步凸显。

推广本身没有对错。只要是正确的推广而非虚假的包装，只要被推广的艺术拥有被众人知晓的价值，那么这样的推广就具有意义。

从艺术家到商人，其实是另一种升华

无独有偶，其实将艺术与商业结合的艺术家有很多，只是小人物惹争议，大人物用自己的光芒让这种行为升华到了一个新的境界。

第六章
艺术家：再高的格调也离不开穿衣吃饭

在中国的艺术家中，陈逸飞或许是将艺术和商业结合得最为成功的代表了。

他的画作得到了业内的广泛认可，一幅作品拍卖就可以达到上千万元的价格。他拍电影、做时尚、办杂志、卖服装……如果问谁是跨界最多的艺术家，陈逸飞当之无愧。

但忙到连轴转，在各种领域都取得亮眼成绩的陈逸飞是否已经意味着成了资本的奴隶呢？其实不然，他之所以这样做，是因为他拥有一个"大视觉"的梦想。

纵观陈逸飞的事业版图，不难发现，其实他的所有事业都与美术依然息息相关。无论是逸飞文化、逸飞环境艺术，还是逸飞模特，实际上都是视觉文化的另一种表现形式。

对于自己的跨界，陈逸飞曾经在一次采访中这样解释："正因为我是一个画家，我才能去做这些其他的事情；如果我不是画家，没有对美的领悟力，这些事业或许也就不会成功。换言之，如果我的画作不被认可，销售得不好，我也没有钱去做这些。对于我而言，我做事情有两个原则：一个是我喜欢，一个是我能够驾驭。我实际上一直以一种现代艺术家的状态来经营我的生活。而我所做的事情，都是一些用眼睛去看的事情，我把它称之为大视觉美术。"

这是陈逸飞心中的宏伟蓝图，或者说这是他艺术梦和商业行为结合的最大动力。经商是对他艺术生涯的延伸。当他有足够多的资本，就可以扶持更多的艺术家，为社会做更多的事情。

陈逸飞的经历实际上为艺术家们提供了另外一种思路——商业也可以很艺术。"满身铜臭"或许就是实现梦想的基础。

第七章

自由职业的多维度选择，你是哪一种

第一节　演员：光鲜背后是无人诉说的辛酸

演员，在众人眼中这个词并不陌生。或许有人觉得这一行怎么算是自由职业呢，他们不是都有经纪公司吗？

其实不然，自由职业，顾名思义是没有约束、自主选择职业。对于许多自己一个人寻找演出机会、没有经纪公司支持的小演员，或者实力和名气已经给予他足够的底气让他自己去筛选演出的演员而言，这就是自由职业。

演员分很多种，在横店墙角蹲着等戏的龙套有之，坐着专机赶场、万人瞩目的明星有之。嬉笑怒骂演尽人间酸甜苦辣，但光芒背后，无人知晓到底有些什么。

认清自己，才能为理想插上翅膀

这世界上有一种可怕的分歧，就是"别人眼中的你"和"你以为的自己"不一样，对于演员这个群体尤为明显。正如别人眼中快乐阳光的薛之谦，在他自己看来或许是不安的、恐惧的，甚至是歇斯底里的。

又或者你以为你的天赋在这里，实际上闪光点却在别处。著名编剧史航老师曾这样评价过国内某些男演员："你长得明明只有六十分，却照着自己好像已经达到九十分的演法去演。事实上不是你长得丑，而是你没有自己认为的那么帅而已。"

这不过是戏剧中的人生，尚且可以用一句"演技不足"一笔带过，但如若生活中也不知自己的闪光点在何处，得到或许就不仅仅是一句简单的嘲讽了。

台湾著名主持人吴宗宪，是娱乐圈中出了名的"赔钱生意人"。他开过唱片公司、拍过电影，当然最出名的还是他的 LED 产业。但他似乎不是做生意的材料，几乎做什么赔什么。

投身 LED 的吴宗宪屡次传出生意失败、破产的负面新闻，媒体爆出这样的标题：《辉煌时 7 年赚 7 亿，现穷到只剩 150 万》《身价 40 亿的吴宗宪被全家清算是一种什么体验》《卖掉豪车和洋房，破产后吴宗宪乘小黄出租赶通告》……一夜之间，风光无限的综艺一哥成为人人唏嘘的事业失败者。

对于自己一直以来投资失败却又不断开展新的项目的这种矛盾行为，吴宗宪很坦然地说："演艺工作是一时的，自己的事业才是一辈子的。等我有一天事业成功了，我就退出演艺圈。""有朝一日我被遗忘了，千里我独行，不必相送！"

如果说薛之谦式的演员心酸尚且只是对于事业的迷茫和不安，但至少他的认知是明确的，他的一切努力和奋斗都是为了音乐事业。写段子、上节目、开火锅店，都是因为"现在做一张唱片太费钱了"。

即便这些非他所愿的工作让他感到压抑和难受，但至少对于自己的目标和奋斗路线是清晰的。路途曲折但前程光明。吴宗宪式的不安却更多的是自我认知的不清晰和事业投资方向的不明智。

吴宗宪有句名言："我明明可以靠颜值，却偏偏要靠才华。"这是一

第七章
自由职业的多维度选择，你是哪一种

句自嘲式的幽默。毫无疑问，在所有人眼中吴宗宪都是个实力派，是个综艺天才。他的投资之路却让人觉得他明明可以靠才华，却偏要拼运气。

显然，在做生意这件事上吴宗宪并不怎么幸运。他一直都说："如果有一天，我赚够了足够的钱就离开演艺圈；如果有一天我的生意稳定了，我就离开演艺圈……"

这是非常矛盾的一种心态。因为他开始演艺事业，是始于天分和兴趣。这如同所有自由职业的开始一般，我们要创业，要发展自我，都是从自己擅长的领域开始。执着于做生意，却是源于对演艺生活的不自信和不安。

"千里我独行，不必相送"，吴宗宪的这句话里有偏执的决绝，更有对自己曾经热爱的演艺工作的心灰意冷，但是这是一种自我认知的不明确。曾经辉煌时期同时拥有10多个节目，年收入上亿元，住豪宅开名车的他，内心却越发的惶恐不安。他看不到才华为他带来的这一切，看不到演艺事业的辉煌，只一心沉浸在恐惧之中，害怕这一切不过是海市蜃楼。

所以他不断转移目标，拓展自己的业务渠道，希望能够以此获得内心的安稳。但是基于演艺的职业限制，演艺人员其实很少有时间去兼顾生意或亲自经营，由此引发一系列问题，可能会导致生意失败。

其实任何一项事业、任何一种公司的经营都离不开精准的眼光、雄厚的实力和长久耐心的经营。显然这三种特质吴宗宪都不具备。无数脱离自己的专长去拓展业务的自由职业者也不具备。

隔行如隔山，如若没有天赋和精力，就不要轻易尝试跨行业发展。当然，在跨行这件事情上并非都是如同吴宗宪一般的失败者。成功的

一个人就是一个团队
——自由职业的真相

比比皆是,但是人们不难发现,这些成功者的大多数本身可能就更适合现在跨入的行业,他们在一定意义上并不是跨行,而是找到了自己真正的定位。

曾经出演过《都是天使惹的祸》《少年包青天》的任泉,曾经跟陆毅等人被并列为上海戏剧学院"三大帅哥",也成为20世纪90年代青年男演员的代表。

近年来,任泉却消失在公众的视野中,偶尔看到他,也是出现在财经杂志或名人晚宴上。人们惊奇于曾经的他摇身一变,成了如今的生意人,而且是经营多种产业的成功生意人。

跟王思聪称兄道弟、身价几十亿元、火锅连锁店遍地开花……任泉俨然已经完全从演员的身份中脱离出来。他甚至还煞有介事地在微博上发过一篇"退出演艺圈"的声明,遭到网友的调侃:"说得好像你这些年在圈里一样。"

从任泉和吴宗宪的例子中不难看出,作为自由职业者,你需要认识自己,更需要专注。

在光鲜亮丽的外表背后,谁也无法触摸生命的内核。或许真的表里如一的光滑圆润,或许也因为挫折而伤痕累累。但努力保持初心,记得自己曾经最单纯的梦想,那么人生的轨迹总不会偏离得太远。

致敬为艺术奉献的大演员,勉励那些走得艰难的小演员。演员的辛酸与苦楚,只是这茫茫众生中的一小个角落,但人生中每一个角色都值得我们深思和敬畏。

演员们悲欢喜乐过后,在台上依然要得体地微笑。人生如戏,戏如人生,生活中人人都是演员,自由职业的世界里从来没有高下。

第二节　民谣歌手：不是每一次流浪都能收获掌声

一首《成都》让赵雷火遍全国。似乎一夜之间民谣歌手这个词也再次进入大众的视野中，流浪、卖唱、去西藏成为民谣歌手的标签。

一把破木吉他、一场颓废之旅，似乎就可以称之为民谣歌手的标配了。但是真正的民谣歌手真的应该如此吗？在所谓的情怀和文艺背后，民谣歌手的生活又是怎样的呢？

这种充满文艺气息的自由职业，看起来浪漫无比，但内里的辛酸或者只有真正身处其中的人能够明了。

理想诚可贵，生活价更高

行色匆匆的城市街头，灯红酒绿的广场旁边，抑或阴暗潮湿的地下通道内，流浪歌手无处不在。如果这是在古典又充满浪漫气息的欧洲，你可能会邂逅一个匿名的艺术家。他不为金钱、不为掌声，只是想放肆地在街头来一场表演。

但是当你身处中国的城市，或许你遇到的流浪歌手背后远没有这么悠闲的情怀，有的只是一个个充满辛酸的故事。小石就是中国各个城市中广大流浪歌手中的一员。

对于他而言，歌唱不仅仅是梦想，更是生活。现实就是如此，没有面包，玫瑰再娇美又有何用？广州天河正佳广场旁边，是小石每天定点"上班"的地方。

每天傍晚 6 点半开始，一直到深夜的 12 点，是小石的工作时间。而他的标配就是一套劣质的随身音响、一个话筒架、一个话筒和一把电吉他。

准时开唱，按时离场。如同所有上班族一样，小石也在自己的心中"打卡"。当然如同职场一样的是这里也有竞争和挑战。在这座城市里，在这最繁华的广场之中，并不是只有小石一个流浪歌手，还有欢快地弹着电子琴的老阿姨、解散的豫剧团演员以及激情澎湃的摇滚歌手……

这些人既是他的朋友，也是他的对手。当然，除了面对竞争的压力，城管人员不定时的驱赶也会成为极大的挑战。流浪歌手再稳定，都改变不了漂泊。但是小石乐在其中，因为这就是他选择的生活。

如果说在这样充满动荡的生活中有什么能够安慰他的话，或许就是当身边几十个听众驻足，有时城管过来驱赶，围观的人说了一句："都不容易，要不让人家唱完这一首吧？"

所有的艰辛在这样一句理解的话语中一扫而光，认同和包容或许是流浪歌手在物质之外收获的最大的财富。当然，无论从事什么职业，都必须有自己的特性和实力，不然都会走向失败。

如果你仔细听小石的歌唱，或许会动容。不同于其他流浪歌手长发、破洞牛仔裤、大大的耳环的犀利模样，小石总是穿着格子衬衫、干净的运动鞋，梳着利落短发出现在这里。

或许这在流浪歌手里是个异类，失去了那种漂泊不羁的沧桑气息，但是小石认为这才是他的正确打拼方式。这个永远带着温暖笑容的大

第七章
自由职业的多维度选择，你是哪一种

男孩在谈到这份工作时，眼睛永远散发着光芒："这是我的职业，就跟这些人群中朝九晚五的白领一样，只是我的行业跟他们不同罢了。"

小石的歌声同样与众不同，没有民谣歌手标配沙哑的嗓音，却有一种淡淡的忧伤。或许他的技艺尚且无法与那些专业歌者媲美，但在这片小小的天地里，他依然有着自己的忠实拥护者。

小石的太太是一名网络编辑，同时也是小石最忠实的听众。他们就结识于小石的工作场所——正佳广场旁边。她从听众变成他的知己，从知己变成他的爱侣。他太太说："每天下班经过这里，无论多忙，我都会停下来听一听，感觉听完他的歌声，这一天的疲惫都没有了。"

很简单的理由，很自然的靠近，两个年轻人在陌生的城市打拼、机缘巧合下相遇，继而相知、相爱组成家庭。这最最平淡的故事里有的是小石的梦想和归宿。

对于未来，他有自己的想法。现在他和太太租住在棠下村一个一室一厅的小房子里。有家了，他想要安定了，但是显然目前的这份职业还不足以带给他安定的生活。他想攒点儿钱，开一间小酒吧，在唱歌和生活之间寻得一个平衡点。同时为了这创业基金，他白天也会去教别人弹吉他，偶尔有演出机会也会到外地演出。对于他而言，流浪歌手是他的起点，安定的歌唱、稳定的生活才是他的归途。

城市的包容性和繁忙，让在这繁华之中歌唱的歌者成了一种职业。这是新时代新的经济模式下诞生的产物，同时也是一种全新的生活方式。

小石一直在路上，没有束缚，没有框架，但是家就是自由的归处，生活就是理想的落脚点。当流浪歌手不再流浪，或许并不是对现实的妥协，而是对生活真正的致敬。

艳羡的生活，只存在于光鲜的背后

"正面看我是穷光蛋，背面看我是流浪汉，我享受孤独人在旅途，我女朋友说我没前途……"

这是民谣歌手大冰对于背包客的理解，也是对于流浪歌手的阐述。很多人会被这样的话蛊惑，认为但凡与众不同、但凡自己走过和别人不同的路，就是一件特别牛的事情，甚至有一种"我最牛"的奇怪优越感。

这几年开始红火起来的大冰是个流浪歌手，得到了无数"伪文艺青年"的追捧。他的书《他们最幸福》《乖，摸摸头》等都进入年度文艺类畅销书排行榜的前三名，本人也跻身年度作家财富排行榜前列。

但追捧和狂欢过后却不得不深思：大家真的只是羡慕他的经历吗？不仅仅对于大冰，对于那些长年冒险者、对于那些环游世界的人、对于那些在古镇开一个客栈给你讲故事的人，我们看上去似乎是在羡慕无法企及的人生，但事实上或许除了这些还有一些别的什么。

正如前面讲到的小石，这也是另外一种流浪，但是大家或许会为之欣慰和理解，但是羡慕却谈不上。所以归根结底我们羡慕的是一种华丽，羡慕他在挑战非一般的生活依然能够光鲜亮丽。这事实上是对于一种成功的羡慕。不过这种成功被包装上了一层"理想"和"浪漫"的外衣罢了。

正如大冰，他之所以可以迅速在全国打开知名度，这其中有人们对于自由生活的渴望，但其中还有一点不容忽略——他的名人效应。作为山东卫视的名牌主持人，大冰的职业生涯充斥着一种矛盾。

第七章
自由职业的多维度选择，你是哪一种

这或许是自由职业者都不敢去选择的另外一种生活——兼顾自由职业与体制内的生活。作为省级卫视频道的主持人，从这一层面上大冰并不能称之为自由职业者，但是主持人的特殊性质让他有时间漂在拉萨、流浪在丽江，一去就可以半年多。这种自由的比重已经远远超过固定工作的比重，让他看起来实际上又像是一个自由职业者。

也正是因为这种矛盾的关系让别人对他的生活更加充满了好奇，也更加羡慕他可以在赚得盆满钵满的同时，可以自由地流浪、自由地歌唱。

只是即便光鲜如大冰，背后就真的没有辛酸吗？或许不然，不过是因为大多数追捧的旁观者并不会真正追随他的生活方式，所以即便他从未刻意掩盖这些痛苦，也被旁观者刻意忽略了。

或者对于旁观者而言，这种无关自己痛痒的伤痛在他们看来也是羡慕的一部分——因为他们永远不敢迈出那一步，因为不敢跟大冰一样去经历这样的痛苦。

作为背包客，大冰用脚步丈量过滇藏线、川藏线、青藏线，他的流浪增长的不仅仅是阅历，还是身体的伤痛。现在我们在荧幕上看到的大冰，长年会穿一双厚重的马丁靴，据说是因为当年在西藏冻坏了脚。

当然这是他光鲜的一面，随着他的成名，争议也随之而来。比如他的民谣是否真的达到了合格水平，是否歌词里有几句脏话就能够彰显出与众不同或者对于世界的愤怒，大冰的小屋（大冰在丽江开的小酒馆）到底是不是坑钱的"黑店"？

真相如何我们不得而知，唯有真正与他深交、唯有真正经历过的

人或许才能说清楚。

唯有一点我们可以肯定,这世界上没有不劳而获的光鲜,没有毫无苦难的自由。流浪歌手的光鲜背后有着千万个故事。

第三节　花店老板:为了生活,也为了梦想

"我有一所房子,面朝大海,春暖花开……"海子的诗曾影响一代人。在城市的中央,在喧嚣的人群中开一间大隐隐于市的花店,似乎成了很多文艺青年不错的选择。

开一间花店,为别人的生活提供一些装点,聆听那些鲜花背后的故事。这样单纯的最初,或许有意想不到的收获。正如下面的这家小店,在这个海滨城市的繁华角落,有过文艺浪漫的开始,经历了动荡和挫折,最终以一种成功的姿态让人艳羡。

晓枫,一个以"关注点滴,让你爱上生活"当作人生哲学的文艺青年,用一家花店,温暖了一座城市。

以爱之名,让花温暖盛开

每当提到青岛,人们首先想到的是美丽的大海、充满历史气息的德国建筑、吃不完的海鲜,还有那一口带着海蛎子味的青岛话。宁夏路、南京路、中山路,一条条以地区命名的道路串联起整个城市。

对于外地人而言,这里是陌生的异地,这里也是新的故乡。跟所

第七章
自由职业的多维度选择，你是哪一种

有漂在这里的人一样，晓枫作为一个西北汉子，在这个城市的开始，也是源于一种对这个城市的浪漫情怀。

曾经是知名家居卖场运营经理的他，长年充当空中飞人的角色，忙于奔波于全国各地的公司卖场，帮这里建立规则、帮那里建立体系。但是每天面对冰冷的酒店房间，面对日复一日并无太多新意的工作，他意识到了一种危机感——自己的疲于奔命或者把心里的那根弦拉得太紧了。快 40 岁的人了，他物质上不怎么窘迫，儿女双全，家庭和乐，但是自己享受这一切的时间实在太少太少了。

所以他做出了一个大胆的决定，跟自己已经工作十几年的公司告别，带着全家来青岛定居。曾经，每年出差晓枫都会在青岛住上一个月，每次回家他都会跟太太说："我们以后老了，一定要找一个青岛那样的城市养老。面朝大海，春暖花开。"

这个一直挂在嘴边的计划提前了几十年，但这并不意味着这个有着丰富运营经验的企业运营高管在获得自由之后就真的只剩下浪漫情怀了。

初到青岛，他发现这座城市已经有上百家花店，算不上多，但也绝对不少了。几乎人群密集一些的社区都有花店了。所以在开始的选址上就是个问题。他需要考虑人流、客源群体、地理位置优势、交通、房租等多个因素。最后他把花店开在了市南区宁夏路的一个小区旁边。

这是个特别聪明的选址，位置靠近大马路，不远处就是学校和医院，距离南京路的商业圈走路不过十分钟。当然，对于他而言，当初选址在这里除去理性的因素之外，还有一点——这里离他的新家近。

当时是 2000 年左右，电子商务尚未像如今这般发达，微信也还

一个人就是一个团队
——自由职业的真相

是人们闻所未闻的事物。所以在花店的经营上他依然采取传统的方式。这也就意味着这不仅仅是一个简单的交易场所，而是要特别注重店面、店名，给人最直观吸引力的地方。

起名并不是一件容易的事情，既要朗朗上口，又要不失情怀。特别是对于花店而言，它本身面向的群体就是追求生活品质、注重情感和细节的人。因此取名字更是不能马虎。经过多次讨论，推翻了再推翻，晓枫决定回归本真，给这间花房取名为"一间花房"。

万事开头难，当一切准备就绪，晓枫一家的新生活就此开始。等花开，等生活绽放，前路似乎充满希望。

用花香驱散陌生，用真心温暖冷漠

在接触青岛之初，晓枫对于这个城市的印象是热情、豪爽、优雅、美丽，似乎所有美好的词汇都不足以描述它的可贵。但那是从旁观者的角度看，当你真正融入其中，你会发现城市的面有千千万个，但绝不是你最开始看到的美好到极致的那一面。

因为你的生活不再是在中山路逛逛街，在八大关看看风景那么简单。对于这个城市，你是一个外来的奋斗者；对于这个城市的人，你是一个外来的竞争者。这似乎是每一个历史文化底蕴深厚的城市的通病，换言之，这个城市是很排外的。

从店面装修开始，晓枫就深深感受到这一点。没有任何的人脉关系，不了解市场行情，作为一个外地人在这个城市请人装修充满了各种被动。即便他不厌其烦地去比价，亲自去购买装修材料，根据他自己后来的了解，他的整个装修依然比当地人多花了一半的价钱。

第七章
自由职业的多维度选择，你是哪一种

他跌跌撞撞走过这样的摸索期，真正将花店开起来。正如他朴素的店名"一间花房"一样，他也用自己的质朴在感动周围的人。

从确定了店名开始宣传，他和太太所有的事情都亲力亲为。晓枫的太太是美院毕业的高才生，所以他们开店的宣传单全部由他太太亲自设计，文案由他自己本人撰写。然后两个人骑着单车一个小区一个小区去派发。附近一公里范围内所有的小区人几乎都收到过他们的传单。一个月的时间，他们两个人就派发出去了一万多份传单。

当然，这不过是开始。知道并不意味着购买力。开业头三个月他们的营业额只有五千多元钱，也就刚刚能够负担他们的房租罢了。但是晓枫一家却充满了信心，因为他说："这已经很不错了，在当时我们的利润比周边开了几年的老花店的毛利还多呢。"

这样乐观的创业精神让他们坚持下来，慢慢也积累了一定的忠实的老顾客。那种来到陌生城市的忐忑和隔阂也在逐渐消失。

周围的其他店家对于这个西北汉子的调侃不再是"你们在内陆很少吃海鲜吧""早就该出来了，还是我们青岛好吧"，而是慢慢变成了"枫哥晚上一起去吃个烤串吧"或者"帮我搭配一束花呗，送女朋友的，她就喜欢你们家的花"。

冷漠是可以用微笑去化解的，创业的艰难也可以依靠坚持去克服。属于一间花房的故事似乎真的迎来了春暖花开。

停下脚步，转角处花香更浓

花店开张的第三年，一切都踏上了正轨，晓枫的花店也在这个城市变得小有名气。他们家的每一束花都有着特别别致的搭配和包装，

一个人就是一个团队
——自由职业的真相

而且所有买花的人都能够收到晓枫太太做的小工艺品作为回馈。甚至有远方来的游客看了一些媒体、论坛的报道和推荐慕名而来。从被这个城市吸引，到成为这个城市吸引别人的魅力所在，晓枫内心充满了自豪。

只是，所有的事情都不可能永远只有花香四溢的浪漫时刻，风雨一定会在不经意间来临。这是成长的代价，也是创业的代价。

2003年，"非典"来袭，全国被笼罩在这场突如其来的灾难面前，花店的业务也受到了极大的冲击。晓枫被迫停下来整理思绪，给自己一个充电学习的机会。

因为在这几年，虽然一间花房的品牌已经逐步树立起来，但是挑战和竞争也越来越大。周边开花店的人越来越多，原本宁夏路这附近的区域只有晓枫他们一家花店，现在已经开到了三家。整个城市的花店更是数也数不清。

而此时，当行业处于低迷之时，晓枫索性关上店门，开始了自己的"闭关修炼"。

原本南方的花店市场或许更有借鉴意义，但是受到"非典"的影响，为了稳妥起见，晓枫还是将学习走访的目标选在了北方市场。他去了北京，去了大连，选了这些在地缘和生活习惯上与青岛有着相似之处的城市，走访了一些城市中品牌响亮、经营时间比较久的店面，对它们进行考察。

一个月的行程，他给自己放了一个假，也让自己满载而归。回来后他根据自己近期的所思所想，做出两个决定：一是重新修改店面装修，二是打造自己产品的不可替代性。

第一个决定是为了发展新的客源。因为很多人经过这里，或许得

第七章
自由职业的多维度选择，你是哪一种

到的信息只是"哦，这里有一家花店"，但是并不想要走进来了解一下，更不可能购买。基于这一点，他根据自己观察的经验，将原本走温馨质朴风格的店面全部改变，改走神秘风格。

店面的招牌换成了一块巨大的纯黑色木板，上面用繁体字写着一间花房的名字。原本敞开的门，也变成了黑漆漆的关起来的门。这时候他还运用太太的高超技艺，在整个店面包括门面上都喷绘上特别设计的一簇簇盛放的花朵。远远望去比真的鲜花装点更加醒目，近看却又不是鲜花。

这确实为其带来了客源，很多不清楚这是个什么地方的人耐不住好奇心走进来看，在了解后成为他们家的忠实客户。

第二个决定则是为了留住客户。这样的理念和如今的互联网思维有异曲同工之妙，先吸引眼球，再用质量说话。他们推出私人定制服务，让每一个顾客都可以拿到与众不同的花。晓枫的原则是在原有的产品上进行价格战，用薄利多销的方式来促销；在自己的原创产品上推出限量营销、定制营销，并用高于市场的价格为自己创收。

这是充电的结果，也是在挫折面前的又一次蜕变。晓枫说他们依然不满足于现状，随着互联网的发展，他们现在已经开辟了淘宝运营和微信运营，同时开启了每周一递、天天花开等新概念的运营。

关于未来，晓枫说："我们还有很多地方需要进步、可以进步，未来充满无限可能，但是我们不忐忑，我们充满期待。"

当梦想的生活变成现实，当发现把梦想照进现实其实可以让人生更充实，那又何乐不为？只是无论你选择了何种生活，都不要轻言败，不要马虎经营，不要忘记最初那颗火热跳动的心。

第四节　酒店体验师：四海为家的洒脱里有一种执着

"躺着也能挣钱""年薪50万一年住遍全球五星级酒店""最有吸引力的职业",这些吸引眼球的标题往往出现在某一个行业的招聘广告中——酒店体验师。

在这个顾客为王、服务至上的社会,人们越来越重视用户体验,所以各种体验师应运而生,如酒店体验师、餐厅体验师、旅行体验师等。在普通人眼中,这份工作的另外一种解释就是"白吃白喝白玩",再也没有比这更爽的职业了。

但事实真的如此吗?雾里看花,水中望月。在这个新兴职业的背后是否如我们想象的一般轻松自如、光鲜亮丽呢?

酒店体验师并不那么好当

虽然说酒店体验师一般也要接受调查机构或者酒店、旅行社的聘用,但他们一定程度上依然可以称之为自由职业者。因为项目是有时效性的,短则可能是体验一两家酒店,多则可能是一年。项目结束、人款两清,酒店体验师就需要寻找自己下一个项目。

那么是否酒店体验师就真的是"吃吃睡睡"那么简单呢?其实不然。在这个职业兴起之初,可能酒店往往会聘用一些长年出差、住过各种酒店、对酒店要求严苛的常客来作为酒店体验师。因为这些人身上往

第七章
自由职业的多维度选择，你是哪一种

往具备追求品质、注重细节、认真负责的特质。他们会根据自己的入住体验系统全面地向雇佣者提供自己的试住报告。

随着这个行业的逐渐完善，有人开始专门从事酒店体验师的工作，也开始为酒店体验师这份工作制订了具体的流程。他们一般要有很好的拍照技术，同时对于探索酒店有着异乎常人的敏锐性和热情。

试想一下，一个人如果住酒店就仅仅是待在房间中睡觉，他是很难感受到酒店的全面服务的。一个酒店的服务包罗万象，作为一个提前替顾客做尝试和评价的人，必须从方方面面进行了解。

比如进入门口是否有行李员主动帮忙搬行李，入住登记时前台服务是否热情专业，酒店餐饮是否合乎标准，房间内部硬件是否完善，打电话咨询客服是否回答及时，酒店清洁是否到位等，太多的问题需要酒店体验师去探索。在这个行业里，每一个酒店体验师都要变成"豌豆公主"，不能允许任何一种瑕疵。

严谨认真、追求生活品质是酒店体验师的必备职业素养，同时酒店体验师还要具备一定的媒体运营能力。因为大多酒店体验师受雇于酒店，某种程度上他的体验需要通过自媒体的方式传递给大众，进而起到宣传酒店的作用。所以写作、拍照、运营微信、微博和博客等社交媒体都是必不可少的技能。

体验是过程，宣传是目的。对于酒店体验师而言，他们看似自由的职业生涯中实际上有两位老板：一位是雇佣者，一位就是旅客。因为归根结底体验结果将反馈给旅客，让旅客通过体验师的入住体验、直观报告来判断这家酒店是否可以住、是否符合他的期待。

所以，这份职业可远没有人们想象中那么简单。"豌豆公主"是因为与生俱来的高贵和挑剔才发现了层层锦被之下的"豌豆",这是童话故事,但是一定程度上也代表了酒店体验师的天赋:唯有真的对酒店充满热爱、对于酒店文化和服务有着特殊见解的人才能在这份职业中找到自我价值。

如果只是为了玩一场,省点儿钱,你很难成为一个合格的酒店体验师。职业源于热爱。

感受酒店文化,让热爱成为前进的动力

每一个酒店都有其不同的魅力和个性。这要求酒店体验师从踏入酒店的那一刻开始就要张开自己敏锐的细胞,用心感受酒店的这一切。

细节决定成败,一个酒店的服务好坏很大程度上取决于各个细节,而这些细节就体现在酒店的每一项服务中。大堂、前台、电梯、客房、餐厅、健身房……每一个部分都应该成为酒店体验师探索的关键,没有主次之分。并且在探索的过程中你必须早早在自己的心里树立一把很高的标尺。因为唯有你用最高的标准来审视一家酒店,当你满意了,顾客才能满意。如果你只是走马观花、马马虎虎地看一遍,你的体验就变得毫无价值。

因此,在一定程度上酒店体验师也是一种吹毛求疵、极度苛刻的职业。但这并不意味着你需要"近乎变态"地去批判酒店。在审视的过程中你同时也要善于发现酒店的魅力所在。因为归根结底,对于大部分酒店体验师而言,入住酒店的目的一方面是为了改善酒店的服务,另外一方面也是为了宣传酒店。

这就跟帮助小朋友成长的家长一样,批评和鼓励应该是同在的。

第七章
自由职业的多维度选择，你是哪一种

我们既要对孩子抱着高要求、高期许，又必须去发现孩子的可贵之处。对于酒店体验师而言，酒店就是他们的"孩子"。

其实在体验酒店的过程中，只要你善于发现、充满热情，你会发现探索酒店文化实际上是一件非常有意思的事情。中国酒店的水墨风采、美式酒店的简洁现代、欧洲酒店的厚重优雅、东南亚酒店的热带风情……每一个地方的酒店都受到地域和文化的影响，都有着属于它们的独特魅力。

从这个意义上，酒店或许又从"孩子"变成了爱人。你和它的这场相遇更像是一场相亲，去走进它、了解它、相互磨合并且相爱。

只要你想为一份职业建立意义，那么意义就在那里。倘如你想要对酒店充满热爱，酒店就会向你释放魅力。倘如你想成为一个充满幸福感的酒店体验师，就请爱上你自己的这份职业。

执着的精神，让四海为家成为传奇

对任何一个职业深入了解下去，你就会发现那里总是比当初想象的多一些故事。唯有在这些故事中融入自我，感受它们带来的心灵震撼，才能真正爱上这份职业。

酒店体验师也是如此。当开始时可能很多人都还怀抱着想要出去看看世界的浪漫想法，也对自己的细致追求有着独有的自负。但深入了解后你才会发现，需要你做的、你可以做的，远比想象的要多得多。

微微是一个资深驴友，在旅游行业待了近十年，这两年辞职开始转型做酒店体验师。一开始她认为："我住过全世界大大小小的酒店上

一个人就是一个团队
——自由职业的真相

百家,酒店体验师对我来说应该不算是个挑战。"

诚然,对比一般人而言,她有长期跟酒店沟通的经验,也确实如她所说"住过非常多的酒店",但是当她开始了这份工作,却发现自己的十年经验其实只是这份职业需要的一小部分。这也是跨界,即便原本的行业再邻近,也有着不同之处。

越无知越勇敢,越了解越浅薄。这是我们在对世界的认知中能够得到的经验,在微微的酒店体验生涯中这种经验尤为明显。随着对这个行业、对整个酒店业的深入了解,她发现自己未知的事情越来越多。

这并不是一件坏事。当你画地为牢,你的世界就只有自己圈出的那么大的范围;但是当你打开自己的视野,你会发现曾经所谓的大并不是大,你其实对于这个世界的认识依然是浅薄的。但也是这样的体验,让微微渐渐爱上了酒店体验师的职业,因为在深入感受酒店文化的同时,自己也得到了提升。

2014年,微微初入这个行业就接受了一次酒店文化的洗礼。作为酒店体验师的新手,她第一次入住的酒店就是以酒店管理文化闻名的日本温泉酒店加贺屋。这家酒店因为优质的"女将文化"被连续30年评选为日本百选温泉旅馆第一名。

在整个服务体验中,微微第一次感受到酒店不仅仅是一个住宿场所,更是一种文化的承载。加贺屋的"女将文化"由来已久,这里的"女将"全程服务住宿的旅客,对于酒店服务有着丰富的经验。很多"女将"在加贺屋服务已经长达三四十年,所以有时候无须顾客说什么,只消一个眼神,"女将们"就能读懂他的需求。

在这里顾客不仅仅能够感受到贴心的"女将"服务、精致可口的

第七章
自由职业的多维度选择，你是哪一种

日式料理、充满日本美学的房屋设计，还能够在温泉的余韵中，在酒店的体验中感受到别样的日式酒店服务文化。

号称"住遍天下"的微微第一次感受到这样的震撼，为此，她还在体验结束后购买了一本《究极之宿：加贺屋的百年感动》，进一步去了解百年酒店的独有魅力。

除了特殊的酒店文化之外，微微在这份工作的过程中还发现，衡量酒店是没有统一的标准的，它需要你根据酒店的风格、住客的类型去不断变换视角。

例如她住的是商务型的快捷酒店，那么她就要更多地站在长年出差的商务型人士的角度考虑酒店特点：比如交通是否便利、睡眠环境是否适宜、装修风格是否简洁干净等。

当她住的是充满古镇风情的民宿，那么可能她考虑的就应该是整体装修风格是否具有艺术性、窗外是否有风景欣赏、距离风景区够不够近、是否提供特色餐饮，甚至酒店老板是不是一个有故事的人。因为这样的客栈、民宿往往是文艺青年的聚集地，对于他们而言精神的享受才是最大的享受。

如果她是身处巴厘岛、马尔代夫等蜜月胜地，或许又要从一些情侣的角度去考虑这里的一切公共设施是否够浪漫、是否有情趣、距离海滩的距离是否足够近、附近有没有休闲购物的地方。

四海为家，以酒店作为人生的驿站，酒店体验师或许是世界上最浪漫的职业之一，但同时它也是这世界上最追求细节的职业之一。当你踏上这场职业旅途，必须带着一份执着热情的心上路，以酒店为家，以细节为标尺，用心去体验。

漂泊也能收获内心安定,这是酒店体验师的别样生活。世界这么大,心之所在就是家。

第五节 创业者:90后创业者的美丽与哀愁

企业家是孤独的,在成为企业家之前的奋斗更是孤独的。创业者实际上都经历过一场"蝶变"。从打破规则到重新建立规则,成败荣辱可能就在一夕之间。

"大众创业,万众创新",在新时代的创业浪潮下,涌现了无数的弄潮儿,只是喧嚣过后是否真的能够羽化成蝶?对此谁也无法给出标准答案。

或者在这庞大的创业大军中如果有什么特别吸引眼球的,可能就是90后甚至95后的加入。我们不想戴着有色眼镜用年龄衡量能力的高低,更不完全以经验来判断创业的成败。

这是个包容的时代,这是个一切皆有可能的时代,所以需要用事实说话。但是关于新生代的创业故事,看起来青春热血、充满激情和创意,但事实是否真的如此呢?

揭开90后创业的神秘面纱,背后或许有我们无法想象的辛酸和哀愁。

一夕成名,风口浪尖上演绎青春神话

2016年1月,在北京卫视的一档名为《我是独角兽》的节目中,

第七章
自由职业的多维度选择，你是哪一种

一个 1998 年出生的小姑娘脱颖而出。特立独行的打扮、奇幻独特的想法让这个 95 后的创业者得到了现场投资人的青睐。

这个女生就是王凯歆。王凯歆从青少年品牌服饰出发，立志于做最大的青少年电商平台。一个 95 后的小姑娘，打着"个性化电商"的旗号，很快就吸引了投资人的注意。一场电视创业真人秀，更是让她声名大噪。王凯歆因此得到知名投资大佬的青睐，经纬中国领投，真格基金和创新谷跟投的 2000 万元 A 轮投资。

自此王凯歆开启了"神奇少女"的神奇百货之旅。一时之间，王凯歆锋芒尽显，但是在荣耀之后也有着无尽的争议：她是否真的那么有经商天赋？辍学创业是否是一种正确的选择？

但是她的投资人似乎毫不担心，在他们看来，年轻就是资本，王凯歆身上有着无限的潜力和无限的可能。经纬中国的投资人丛真这样评价王凯歆："凯歆有自己完整的思维体系、看问题的独特角度以及坚毅的个性，这些都是一名商业领袖必须具备的特质，也是吸引我投资的重要原因。"

确实，在真正拿到 A 轮投资前，王凯歆的神奇百货已经用数据显示出了不错的潜力。2015 年，她的安卓版 APP 和 iOS 版 APP 先后上线。2015 年底，王凯歆公司内部年会上给出这样一组数据："产品累计用户数在短短三个月之内突破 30 万，累计订单高达十几万单，累计销售额接近 1000 万元。"

无疑，这些成绩都是抢眼的，也是投资者纷纷向王凯歆抛出橄榄枝的原因。

一切似乎都如同神奇百货的名字一样，向着一种神奇的方向前进。

一个人就是一个团队
——自由职业的真相

所有人都为"神奇少女"的好成绩感到高兴。甚至时任深圳市委书记访问创新谷的时候，还单独见了王凯歆，鼓励她在创业的同时不要丢下文化知识，要多读书、多学习。

无论是在数据的神话面前还是在众人的热捧之中，王凯歆的创业为所有的创业者都带来一种希望——年轻、有冲劲、有天赋，你就有机会。

时间是最好的试金石

创业必须耐得住寂寞，喧嚣背后是无尽的琐碎运营和管理。曾经有位加入王凯歆的神奇百货的员工说，至今都无法忘记当时王凯歆热情激昂的演讲，让他们感觉前景无限光明，仿佛自己也是这创业神话的塑造者，整个人跟打了鸡血一样愿意为公司奉献一切。

但激动只是暂时的，时隔不到半年，神奇百货就迎来了它最大的信任危机。一场裁员风波让神奇百货成为众矢之的。

2016年6月29日，神奇百货前员工在朋友圈发出这样一则消息："开开心心去上班，发现公司不见了。我的神奇百货去哪儿了？神奇少女去哪儿了？"同时还配以一片狼藉、人去楼空的办公室图片。

事件因此通过网络发酵，在媒体上掀起轩然大波。公司如同被人打劫了一般，深圳市南山区北科科技大厦的办公场所空无一人。这让"神奇少女跑路了""神奇百货倒闭"的流言甚嚣尘上。

对于这样的流言，神奇百货在其微信公众号上发表了一篇名为《老板跑路了？其实是搬去了高大上的办公楼》的看似诙谐的文章，来澄清谣言，告知大家："为了能给大家一个更好的创业环境，神奇百货决

第七章

自由职业的多维度选择，你是哪一种

定于 2016 年 6 月 26 日迁到南山区智慧广场。"

官方说法如此，但事实是否真的如此呢？或许不然，根据媒体实地调查和采访，神奇百货的这次搬迁非常匆忙，甚至因为临时搬迁，连原本租用办公地点的押金都放弃了。而新搬入的智慧广场，办公面积要比原来小得多。

无独有偶，神奇百货搬迁之外面临的更大问题是裁员。多位神奇百货前员工向媒体透露，他们被无故解雇了。对此，神奇百货给出的官方回应是："近日，公司遭到了严重的诽谤及谣言攻击。"

一时之间双方各执一词，真假难辨，但神奇百货的裁员却是有迹可循的。就在裁员新闻爆出前不久，媒体就曾对另外一个电商平台"爱鲜蜂"裁员进行了报道，而当时王凯歆则在转发这篇文章的时候如此发表观点："提前做好裁员工作，留下对公司有真正价值的员工，管控好公司现金流，融资环境不乐观的时候需要想的是如何做到收支平衡甚至盈利。在互联网浪潮下，坚持到最后的才是真正的赢家。"

对于她的说法，她的前员工们并不买单。神奇百货原副总裁、公关总监张嫣连同被开除的 11 名员工对王凯歆的电商平台大起底：数据造假、无故裁员、偷税漏税、违反劳动法、CEO 挥霍投资基金……

负担了生命中常人所不曾经历的荣耀，这位"神奇少女"也必将要承受其他人所无法负荷的生命之重。

这种众叛亲离的审判无疑是致命的，但也算不得一夕之间的骤变。早在 2016 年 5 月 16 日，在整个事件爆发之前，《GQ》杂志就曾发表一篇名为《17 岁 CEO 王凯歆：风口少女的神通与孤独》的特稿，用长达一万两千多字的文章描述了一个性格古怪的少女用谎言骗取投资人和员工信任的故事。

而张嫣为首的离职员工的爆料让"神奇少女"王凯歆陷入舆论的旋涡中。根据爆料，神奇百货并没有对外宣称的500家供应商，长期合作的供应商不过十几个而已，所谓的千万订单的销售额也只在双十一时达到过。

一时之间，原本天赋异禀、充满经商和创业天赋的神奇少女，变成了生活奢靡、满口谎言、运营造假的江湖骗子。

放下一切，才能轻装上路

对于神奇百货遭受的一系列打击，公关团队和投资人都试图扭转这种局面。

神奇百货的联合创始人黄秋曾对媒体的报道一一反驳，指出王凯歆住五星级酒店是为了参加一些论坛活动，主办方招待去住的；有三个助理则完全是无稽之谈；对于神奇百货的产品她也提出绝对都是经过商家授权的，而不是如同媒体报道那般从其他网站上照搬的虚假图片。

合作伙伴出来发声，投资人也出来发声，表示对王凯歆的支持。神奇百货的投资人之一张波针对这次事件说道："在王凯歆的年龄段，她是极具商业天赋的，她有对自己年龄段需求的了解，同时在创业前有过帮同学做买手业务的经验。在这个庞大的青少年电商市场上，神奇百货是有发展的。"

对于王凯歆的丑闻，他同样表示了理解和力挺："由于王凯歆年龄小，缺乏管理经验，她不可避免地犯了很多年轻创业者常犯的错误……

第七章
自由职业的多维度选择，你是哪一种

这次王凯歆能够主动裁员并缩减管理开支，作为投资人来说是支持的。"

或许张波所言有一定的道理，神奇百货也确实在进行调整和补救。正如王凯歆在自己的文章《神奇百货成立的一年里，我几乎经历了创业所有该遇到的坑》里也反思了自己的错误：战略上轻易涉足电商供应链、人事上盲目扩招、业务上未从用户真正需求出发、公关上盲目暴露。

只是市场不会为这个年轻人的错误买单，外界的质疑已经形成。甚至对于这个创业项目本身存在的意义，人们也开始深深地怀疑。所有的解释在这一刻都显得苍白无力。

张波说："我会继续支持年轻人创业的梦想。"但显然创业只有年轻的噱头是远远不够的。梦想是可贵的，同样代价也是昂贵的。员工不会无条件容忍这位年轻 CEO 的失误；失去了商业价值，投资者也不可能成为"王凯歆们"永远的庇护者。

17 岁的创业少女，从开始就万众瞩目，王凯歆不是第一个，也不会是最后一个。马佳佳、余佳文这些 90 后的创业者都曾是浮躁的创业群体中聚光灯追逐的宠儿，但最后也都被扒下了光鲜的外衣，灰溜溜地退出了创业市场。

这些所谓"90 后天才"的成功与失落背后，或许离不开资本的卑鄙炒作。很多人说，创投圈在一定程度上不缺资金，但是缺少名气和噱头。而这些所谓的天才就成了天使投资人们炒作的利器。

我们不去谴责谁利用了谁。任何的项目互动背后必定是双方利益的结合。一荣俱荣，一损俱损，大家都是一根线上的蚂蚱。如果可以选择，我们更希望听到这样的声音——最早将王凯歆带入深圳投资圈

一个人就是一个团队
——自由职业的真相

的投资人林劲峰曾说过:"我其实很不同意这些孵化器让人家高中生就去创业。风投机构有他们的利益考量,投几百万元,大不了做广告费。"

鼓励和扶持年轻人的创业梦想本是好事,但是如若千千万万还在读书的少男少女都如同王凯歆一般辍学创业,这真的是我们想要看到的"大众创业,万众创新"吗?

从比尔·盖茨到马云,这些人们眼中的创业之神似乎从未鼓励过"辍学创业"的概念。自由可贵,但是人生的每个时段有每个时段必须去做的事情、必须经历的人生。

倘若你打破规则,跳出了既有的生命轨迹,那么就必然要做好承受突如其来的疾风暴雨的准备。我们不去断定王凯歆的未来,正如她所说过的那样:"在互联网浪潮下,坚持到最后的才是真正的赢家。"

在坚持之前,我们希望所有创业者、所有选择自由职业的人能够先充盈自己的人生,再去追求所谓的自由。唯有生命的厚度足够,人生的奔跑才能更加轻盈。

第八章

自由职业的技能：学习不停歇，才是永恒的动力

第八章
自由职业的技能：学习不停歇，才是永恒的动力

第一节 自由也要管理，你就是最大的老板

"生命诚可贵，爱情价更高。若为自由故，两者皆可抛。"匈牙利诗人裴多菲的这首诗曾经鼓励无数人投入到追求自由的行列中。

但是当自由变得无序，或许无形之中这份自由反而成了你的束缚。何谓自由？是忙碌地开展自己的自主事业？还是在一份碌碌无为的工作中享受大把的闲暇时光？或许每个人的定义都不同。

自由，没有想象的那么完美

即便自由毫无规律可言，但是依然可以从中找出某种共性。自由无非几种：一种是心灵的自由，一种是身体的自由，抑或两者兼得。

每个人都希望能够两全其美，但是绝大多数情况下都只能二选一。

当自由时光无法提供完美的选择，可能就变成了一种痛苦——一种对于匮乏和无聊的痛苦。因为在时光上的无限自由，可能会导致空虚、茫然，在精神世界上非但没有获得自由，反而变得痛苦不堪了。

举个很简单的例子，很多经历过一个悠长假期的人并不能感受到幸福。当你的同事度假归来，你问他："怎么样？假期过得开心吗？"很多时候得到的都是否定的回答。

因为这份自由来得太突然，以至于过度消耗自己的精力和体力，

一个人就是一个团队
——自由职业的真相

反而让自己疲惫不堪了。

一个退休的老人会觉得无比幸福吗？恐怕未必，很多老年人会因为不用再被工作束缚而感觉到一种空虚和惶恐："我是否已经对这个世界可有可无了？接下来那么漫长的日子我要做些什么？"

当时间自由，精神上开始空虚匮乏，这或者比物资匮乏更加让人难受。但是否物质上就绝对不会匮乏呢？其实不然。在自由的时光中，更加让人痛苦的是精神匮乏的同时遭遇物质匮乏的双重打击。

毕竟绝大多数人并不是因为退休而享受自由生活，不是在有足够的退休金和储蓄的前提下拥有自由。恰恰相反，大部分人开始自由生活是为了开启一份新的职业，在这份职业中，你开始创造收益之前，必须有大量的投入。

从另一个层面而言，每一个自由职业者都是创业者，而在创业的过程中唯有资金充足才能有长足的发展。因为这是一场漫长的拉锯战，即使你才华横溢，也无法知悉未来是否一片光明。自由之美，并不是人人都能消受的。

这世上本就没有绝对的自由，也不应该有绝对的自由。任何的事情都有度，有其不可逾越的底线和制度，这是人类文明中必须认同的一点。否则人们就无须建立国家，无须制定法律，无须建立制度。

丛林生活是最无拘无束的，一只在丛林中奔跑的羚羊或许从来就没有感受到不自由，却能够时时感受到来自豺狼虎豹、来自大自然的威胁。换一种角度，即便是最自由的自然界，也依然有来自自然界的束缚。

很多自由职业者在踏入自由职业之初，往往有一种获得了绝对自

第八章
自由职业的技能：学习不停歇，才是永恒的动力

由的错误认知。其实不然，因为当你真的获得所谓的"绝对自由"之时，你很快就会面临精神和物质的双重匮乏，自由无从谈起。

自由是需要管理的

很多人都曾有过这样的经历，在步入大学、步入社会之后开始无比怀念初中、高中的时光。因为大家发现自己以为苦闷和束缚的这些青春岁月实际上才是最自由的时光。

作为中国式教育下成长起来的孩子，我们大多数人面临了太多的被动选择，不得不接受被安排好的学校、被安排好的老师、被安排好的课程。但是是否这些都意味着不好？是否完全自己选择就是好的呢？其实不然，当我们到了可以真正自由选课的大学，进入可以自主选择职业的社会，反而会变得迷茫无措。下一步该往哪里走成了摆在人生十字路口最大的难题。

究其原因或许与我们一直以来养成的被动接受有关，又或者跟我们太过渴望自由却造成了反效果有关。其实认真观察周围人的生活，你会有不一样的感受。例如一个做线上直播的网红，她们往往会根据用户收看时间、收视率来制定自己的播出时间，而且为了人气会自主选择要求自己每天必须播出多长时间。更有甚者，会为了让自己的节目更受欢迎，针对网上网友的喜好去充电、学习，例如学唱歌、学"喊麦"，再不济为了能够获得人气也会去学学化妆或者整个容。这本质上就是一种自我管理的过程。

然后我们又回到一个讨论了无数遍的话题——自由职业是一个新兴职业吗？其实不然，如同我们以为看上去高大上的国际贸易是改革

一个人就是一个团队
——自由职业的真相

开放的产物一样,但它实际上在有了国与国、邦与邦之间的以物易物时就已经诞生了。

自由职业同样是古老而又充满智慧的行业,例如中国古代的农民、诗人、商人等。究其根本,这些存在在中国数千年的职业本质上就是自由职业。而它们本质上都经历了时代背景的支撑、知识的沉淀、规律的形成、适应的过程等一系列系统的规划和管理。

仔细搜寻周边,你会发现你的生命中出现过众多的自由职业群体。例如笔者的外公,年过七十的他依然坚持种地,而且极其有规律,无论年节,只要地里还有作物,他每天都会定时去看一下。对于庄稼何时该施肥、何时该除草捉虫,他自己心里有一个时间表。

当然,作为庄稼地里的一位老把式,他绝对没有两耳不闻天下事,一心只朝黄土地。对于新的化肥、新的除虫妙招、好的种子,这些他都一手掌握,实时更新。在他看来,这就是他的工作,正如他常说的:"干一行,爱一行,我种庄稼就是庄稼地里的状元。"

这是一个成熟的自由职业者该有的姿态。自由不是说说而已,当你将其当作一份职业来经营,你会发现其实你可以做的远不只眼下这些。

成为自己的老板,才能掌控人生

"吾尝终日不食,终夜不寝,以思,无益,不如学也。"孔老夫子告诉我们,空想远不如实干。这对于自由职业者而言是绝对的金玉良言。当你毫无自控力,宅在家中几十天时,幻想着你充满规划和未来的自由职业者生涯,远不如起来做点儿实事有意义。

第八章
自由职业的技能：学习不停歇，才是永恒的动力

自由职业者需要自控力、专注度和坚韧不拔的毅力，更需要对自我的领导力。你必须是你自己的主人，唯有如此才能知行合一，才能做到所想即所做。

其实大部分人的思维方式是不会有太大偏差的。正如有的法律学者在谈到犯罪的时候常常说道："现代人并不是价值观在扭曲，而是道德感在降低。"这便是知行不能合一的结果。我们都可以明辨是非，区分对错，却很难知道到底如何才能一直走在正确的道路上。

正如学生时代的考卷，是非题往往都是送分题，因为概率五五分，我们大部分都可以判断准确；但问答题是最让人头疼的，因为总是似是而非，不知道下一句要怎样答下去。

自由职业者也是如此，其实大部分选择从事这份工作的人都曾经给自己制定过规划：我一个月要达成至少1万元的收益；我要每天八点起床开始我的工作；我要利用空余的时间去学习一门小语种……但事实可能是感觉时间还多着呢，我先玩几天吧；玩得好累啊，我要休息一下……

计划永远赶不上变化，这是很多自由职业者的通病，也是慢慢从自由职业者变成一事无成者的原因。

唯有那些对人生充满规划并切实去做的人才能成为自由职业者中的赢家，正如比尔·盖茨放弃哈佛的学业出来创业一般，正如马云放弃教师的工作创建阿里巴巴帝国一样。唯有充满热情、充满决心，并切实去做，你才可能成为自己的老板。

否则自由职业就只能是从"不想上班"变成"不上班"，再到"没有班上"的过程。

别被自由迷失了心智，把握自己、制定规则，你才能掌控自由的人生。

第二节　寻找英才，迎来新的职业生涯

一千个观众眼中有一千个哈姆雷特。同理，对于自由职业者而言，每个人对这份职业的定位都各有不同。

有人是认为自己翅膀硬了，有足够的资源、才华和精力，所以选择脱离公司去创业。这部分人往往本身是全能型人才，善于社交，从公司出来之时甚至带走了一批志同道合的朋友和自己掌握在手中的项目。

有人一无所有，但是敢闯敢拼，相信凭借自己的实力和能力能够在自由职业者的市场中闯出一片天。这部分人给大多数人的观感也往往是热情、执着和自信的。

还有一部分人是讨厌群体生活，不喜欢和人交往以及被束缚，所以才选择自由职业。因为在他们看来，自由就意味着可以完全独立，可以躲避工作上的钩心斗角和复杂的人际关系。

自由，不是逃避职场的避风港

"这辈子我就想要做个安安稳稳的手艺人，大城市也好、大公司也好，我都不在乎。"某广告设计公司的小杨同学在离职的时候如是说。

第八章
自由职业的技能：学习不停歇，才是永恒的动力

这个看上去有点腼腆的大男孩，在工作上很有灵气也很温和，这次离职已经不是他第一次投入自由职业者的行业了。在进入这家业内知名的广告公司之前，他在大学毕业后曾经自己创业，当时的理由就是"社会险恶，我宁愿独来独往"。事实证明，他独来独往的愿望没有成真，"老好人"的性格导致他不会谈价、不懂坚持原则，把自己累成狗，但是并没有赚到多少钱。他的第一次创业以失败告终。

于是他来到现在这家广告公司，一是求一份安稳，二是学习一下系统的管理经验。但他的这次离开跟前面列举的"翅膀硬了"是否性质一样呢？其实不然。

在竞争激烈的广告市场上，虽然小杨从事的是平面设计的工作，但是由于公司内部结构调整，部分设计师也要承担业绩指标。这就意味着不善言辞的小杨同时承担着接单、联络客户的任务。这对他而言，绝对是极大的挑战。

让他印象最深刻的是这一年过中秋的时候部门经理让小杨去给一家长期合作的客户送礼物。这原本是回访客户、维系客户最常见的事情，但是用小杨的话说"作为一个有社交恐惧症的人"，他选择的方式是到人家的公司楼下，直接打电话给他平时比较熟的一个客户的对接人，然后他把东西交到人家手上，说了一句："这是给你和你们领导的。"之后就匆匆走掉了。

效果可想而知，事后公司领导和对方的老总聊起来的时候，对方早就忘了曾经收到过中秋礼物这回事。因为当时只是自己的下属说了句这是某某公司送来的。但是这位老总连送礼的人都没有见到，又怎么会有深刻的印象呢？

一个人就是一个团队
——自由职业的真相

这样的答谢客户方式还不如没有，可想而知，小杨同学事后被领导在周会上点名批评了。同样的事情还有跟客户沟通不顺畅，对于同事要求帮忙的事情不懂拒绝，被领导冤枉的时候不知道该如何反驳……

整个职场对于小杨而言已经不仅是束缚了，而且是充满了恐慌。因为他永远不知道遇到的下一个人将给他出怎样的难题，更不知如何去应对。

或许这些问题并不是他一个人的错，而是他所处的大环境有一定的问题。例如广告公司或许不该让设计去做市场；同事不应该欺软怕硬，将自己的工作推给小杨……但任何的问题都是双方的，小杨的软弱和不懂拒绝，让这些不合理、不公平进一步扩大。

于是他选择了再次逃离，离开让他烦心的职场，开始了一个人的自由职业。但是否这种逃离真的可以让他获得内心的宁静呢？其实未必。

倘若他依然只是自己一个人在奋斗，我们甚至现在就可以预想到未来，他会因为怕麻烦，越来越拒绝和客户沟通，因而难以维持生计；他会因为讨厌社交，越来越封闭自己，因而朋友更少。

人人都有短板，不愿社交也好、向往简单生活也好，都没有错。但是其实他可以变通一点儿，聪明一点儿。用别人的长处来补齐自己的短板，用集体的力量来抗衡外界的压力。

躲进壳里纵然可以获得片刻的宁静，但自由职业不可能成为逃避的港湾。自由应该让你的世界更加宽广，而不是无形中给你的世界上了一把打不开的锁。

第八章
自由职业的技能：学习不停歇，才是永恒的动力

总有人可以成为你的火苗

有一种友情属于钟子期和俞伯牙，留下了高山流水的佳话；有一种合作叫《中国合伙人》，成就了新东方的传奇。无论是生活还是工作，我们都不可能只是独立的个体，必须找到知音、找到伙伴才能实现价值。

即便是自由职业者，你也不可能是完全孤立的，首先你要有欣赏你的客户。这种交易关系本身已经构成了一个小的群体。倘若你像设计师小杨一样是个不善言辞、恐惧社交的人，或许你还需要一个性格活泼、情商极高的搭档，才能让你的自由职业持续发展。

即便是如今处在互联网帝国顶端的马化腾，我们观察其创业经历也会发现，这绝对不是一个人的智慧，而是一种将优点最大化的一种互通、合作形成的腾讯奇迹。

马化腾最初是和同学张志东一起创业，他们创建的公司就是如今腾讯的前身——深圳腾讯计算机系统有限公司。

对于这两个人的组合，《中国互联网史》的作者林军曾经这样评价："马化腾很聪明也很固执，在对于用户体验这一块非常重视，他愿意用普通用户的视角去看待产品。张志东头脑灵活，对于技术非常痴迷。在他们两个人中，马化腾更善于将事情简化，而张志东则执着于将事情变得更加尽善尽美。"

这是马化腾和张志东的不同之处，而腾讯之所以能够起步也源于这种不同。唯有具有不同优点、不同特质的人分工合作，才能够将事业向前推进。

一个人就是一个团队
——自由职业的真相

合作共赢、共同进步的这种精神也一直是腾讯发展的原动力。在马化腾和张志东之后，腾讯又吸纳了三位将才——曾李青、许晨晔、陈一丹。同样有着野心和自己的坚持，同样充满自信的几个人，在工作上又有着截然不同的原则和风格。

在这种团队的磨合中必然会产生一些矛盾，但是当他们理清问题，发掘优点后，果断地将每个人的职责明确化：五个人，分别担任执行、技术、运营、信息、行政的工作，发挥特长，分工合作。这种合作阵营才真正变得牢不可破。

而这种合作的方式也成为日后腾讯发展过程中一直遵循的合作框架。"合理组合"有时会让不安定的创业团队更加稳定，也更有利于让效率最大化。

腾讯如是，很多其他的自由职业也同样如是。或许他们并没有最终走向腾讯那般辉煌，也未必能建立起大家都知道的公司。但是在他们期望的模式里，他们也实现了自己的优势互补。

这就如同韩寒和路金波的出版组合、徐峥和黄渤的电影制作组合。他们或者是十几年甚至是二十几年的长期合作，也可能是一定时期内的资源共享和互补关系。但无论是哪一种，都足以证明群体和团队的重要性。

曾经的文艺男神、现在的人气奶爸黄磊说："失去挚友陈志远的那一刻，我就决定这辈子都不唱歌了。"这种悲壮就如同钟子期死后，俞伯牙断弦一样。这世上知音难觅，这是精神层面上追求同行者面临的苦痛。

但是幸运的是在合作层面上，或许你可以不把这种互利互惠、互

第八章

自由职业的技能：学习不停歇，才是永恒的动力

相欣赏的模式看得那般悲壮和无奈，无非是寻找创业路上、自由职业之路上的某一阶段同行者。他们未必陪你到最后，但是在你需要的时刻陪你走过一段艰难的道路即可，然后和平分手，各奔东西。

创业本就是一个孤独的旅程，自由职业更是如此。但这并不代表这段旅程是孤立的，相反，当你作为一个独立的个体，你必须以自身为出发点，伸出无数的触角，去触碰和接受这个世界，从而建立一个以你为核心的社交群体。然后，你所链接的各个点再不断向外延伸，从而形成一个完整的网络，建立起你自己的自由职业世界。

诚然，在这个过程中并不是说你所有的一切都要依靠外力，而是在优化自己的同时，让外力帮助你飞得更高更远。正如不善言辞的小杨，倘若要让自己的自由职业之路更加顺畅，他唯有两种选择：一是完善自身、改变自身，让自己变成一个既有技术又善于社交的全方位人才；另一种便是找到一个志同道合又欣赏他才华的人，帮他去开拓更宽广的世界。

前者需要他的蜕变，同时需要他去链接更多赏识他的客户；后者需要他在设计的领域更加出众，同时寻找到生命中那个可以为他打开另一扇门的伙伴。无论走哪一条路都不可能是困在孤岛上完成的，而是靠与人的链接和合作中达成的。

自由职业本身就是个大胆又冒险的尝试，既然选择了做这样一个与众不同的强者，又有什么理由不勇敢地面对自己？勇敢地承认自己的不足，去寻找同行者、寻找英才，迎来全新的职业生涯。

第三节　社保知识全掌握，让未来后顾无忧

很多人特别是自由职业者的亲朋好友，对于这份工作最大的非议就在于不稳定。即便是收入令人艳羡的娱乐圈也曾经为"没有社保，演员工作没有保障"而进行探讨。

事实是否真的如此？从事自由职业真的朝不保夕、养老堪忧吗？或许并非如此。没有什么职业是十全十美的，诚然，自由职业者失去了专业的人力资源部门的服务，的确在社会保障、档案挂靠等问题上遇到一定的难题。

这是对于自由职业者的考验，也是对于整个社会的考验。目前尚未有相关政策出台，为自由职业者购买社保、医保做出明确的规定。但是无可否认的是我们在让大众接受一种新的工作模式的同时，也需要给社会一定时间去改善和制定规则。

众所周知，在一二十年前农村是没有医保和社保的。广大的中国农民在供养孩子读书的时候，经常会提到这样一句话："别跟我们一样没出息，靠天吃饭，要找个坐办公室的工作。"在他们眼中，坐办公室的工作就意味着铁饭碗、轻松以及有保障。

如今随着社会发展，农村已经有了医保和社保。这是社会进步的表现，也是社会保障提升的表现。相信随着共享经济的发展，自由职业从业人员越来越多，关于自由职业者的社会保障体系也会逐步建立

第八章
自由职业的技能：学习不停歇，才是永恒的动力

和完善。

那是否在规则建立之前，自由职业者真的就如同飘零的浮萍，毫无依托呢？其实不然。完善的规则虽然还未建立，但是很多城市已经开始为自由职业人群铺路，出台了个人缴纳五险一金的政策。

首先，必须明确哪些自由职业者已经可以自主缴纳社保：城镇个体工商户等自谋职业者、农民合同制工人，以及采取各种灵活方式就业人员，男性未满60周岁，女性未满55周岁，未与单位建立劳动关系、但从事有一定合法经济收入的自雇人员。

这样的范围实际上已经几乎涵盖了所有的自由职业者，因为规定中指出"采取各种灵活方式就业人员"。如此，只要你自己希望获得这份保障，并且主动按照政策去缴纳社保，你跟在企业工作的人并没有什么不同。

其次，在了解自己是否有缴纳资格之后必须充分准备好申报材料：有效身份证复印件（第二代身份证需正、反面复印），户口簿首页和有本人姓名的页面复印件，劳动手册首页和有本人工作经历的页面复印件或《超过法定劳动年龄办理相关事务证明》。

当然，每个地方的政策会有所不同，这需要大家自行登录当地社保网站进行查询。

最后，自由职业者或许是不会那么快退休的，但是缴纳社保的重要原因就是为了老有所依，领取养老金。对于自由职业者而言，只要连续缴费满15年，男性年龄满60周岁，女性年龄满55周岁就可以申请养老金。

事实上，自由职业者只要按照规定缴纳社保，在退休后和企业缴

纳社保的员工享受的养老金待遇、医疗待遇并没有太大不同。唯一的不同点是企业职工享受的失业保险、生育保险和工伤保险，自由职业者无法享受。

这是无可厚非的一点，因为身在企业，企业需要承担你的失业、生育和工伤保险，但是作为个人而言，承担这一切的都是你自己，也就没有了所谓的保险一说。

当然，在互联网发展的今天，以上的方式是最稳妥的社保缴纳方式，但是有了更加方便的方式——淘宝代缴。很多公司已经开始办理网上代缴社保的业务，而大部分城市的人才服务中心也可以帮助你免费挂靠自己的档案。社保缴纳对于自由职业者而言已经不再算是难事，更无须成为亲朋好友反对的理由。

自由或者稳定，是你的选择；缴纳社保或者不缴也是你的选择。这是自由职业者获得的多重选择。但是无论你选择哪一种，都是你当下做出的选择。

作为自由职业者中较早出现的群体——个体户，很大程度上是没有社会保障的，但是他们并没有因此而惶恐或者晚景凄凉，因为他们早已经为自己的后半生积累了足够的资本。

冒险是要付出代价的，有才华的人才有这样的勇气。而在这个开放包容的时代，无论是追求安稳的你，抑或是大胆冒险的你，都可以勇敢地选择自由职业。因为前者依然可以寻求社会保障的庇佑，后者有足够的勇气面对生命中的动荡。

自由和安稳不可兼得，但如果掌握了社保知识，或许你的自由职业之路可以走得更加踏实一些，再踏实一些。

第四节　理财+储蓄，是成年人的必修课程

很多80后、90后没有养成必要的理财习惯。时代的发展和进步让更多的年轻人选择超前消费。所以出现了无数的"卡奴"。但是作为连申报信用卡都困难的自由职业者，不理财、不储蓄真的可以吗？

储蓄，是自由职业者的底气

自由职业者在一定程度上是个弱势群体，也是收入不稳定的群体。或许你的一个项目就可以收获几万元甚至十几万元，但是你也可能几个月都没有项目做。

在这样的时刻，有计划地储蓄，为自己的"断粮期"做储备，或许就能成为你的底气。

前文中曾经也提到在东京的设计师艾琳，她可以选择半年工作、半年旅行的生活方式。除了才华给她的从容之外，还有财富给她的底气。作为一个知名设计师，每个项目她都可以收获近百万元甚至超过一百万元的佣金。

但是她并没有因为自己的高收入而挥霍，对于她而言，生活最好的方式就是在工作的时候全身心地投入工作，在休闲的时候过平平淡淡的生活。看似很任性的一种活法，其实是有自己的规律的。

更加让人惊讶的是，这个看上去个性张扬、不拘小节的文艺女青

一个人就是一个团队
——自由职业的真相

年,早早就用积蓄给自己买了一套房。因为她说:"有家才有根。"

这是非常值得自由职业者学习的一点,虽然从事这个职业的大部分人本身就已经选择了一种相对不稳定的生活。

选择或许要付出代价,欣赏美景要付出代价,但是为了让自己少痛一点,在自己选择的路上走得再久一点,我们是否在踏上这条路之时,给自己一点点武装?

俗语常说:"钱不是万能的,但没有钱是万万不能的。"这句话虽然庸俗但是也足够实在。想要享受鲜花,那也必须要先填饱肚子。

换言之,唯有自己有了物质上的相对充足,才不会为了谋生的本能放弃自己的一些坚持。

从事自由撰稿人工作的人都知道,这份职业实际上是一份无法估量价格的职业。因为大部分人都不是金庸、古龙,不可能拥有那么高的品牌知名度。

所以在价位上,有些人的变动很大。有时候遇到欣赏自己的大方客户,一个文案卖到几万元十几万元也有可能;有时候为了生活,去接洽一篇几十元的业务也有可能。其实这就是缺乏底气的一种表现。

价格几十元的软文往往都是一些特别没有技术含量但是又消耗体力和精力的关键词搜索、CEO 优化等。假如你是一个能写出几万元文案的人,这种"低级"的工作或许根本不适合你,它对你是没有任何提升的。

但是一些资深写手依然会承接这样的订单,大多是因为一个最简单的理由——没钱了。

即便是某些大作家也难免写一些烂尾小说、做一些以次充好的事情。归其根本都是没钱惹的祸。所以想要让自己坚守原则,首先要让自己底气足一些。

在物质上充足了,在精神上才能自由地发展和进步。著名影星范冰冰说:"我不需要嫁入豪门,我自己就是豪门。"这种底气正是源于自身财富的积累和努力。

理财,是成年人的必修课

这是个赚钱容易花钱也容易的时代。单纯的储蓄或许已经不能够满足人们对于财富的追求。特别是对自由职业者而言,学会理财尤为重要。

风险控制告诉我们"不要把鸡蛋放在同一个篮子里",但是银行就是我们财富的唯一寄存处吗?其实不然,如果有钱生钱的方式又何乐而不为呢?理财是为财富做积累,更是为未来做保障。作为一个当代的年轻人,理财是必修课。

1. 我们或许应该听听靠谱专家的意见

对于理财,在开始的时候我们可能每个人都是小白,所以听一听这方面做得好的亲朋好友的意见,借鉴一下他们的经验,或许比我们一味地自己摸索重要得多。

熟悉娱乐圈的朋友都知道刘嘉玲在房产投资上有着丰富的经验,但是不知道她热爱买楼的初衷是什么。刘嘉玲说她从二十几岁就开始投资房地产,是因为她当时的男朋友许晋亨告诉她:"你的钱不要乱花,如果要投资,就买楼。"当然我们没有许晋亨这种投资大鳄做朋友,但身边账目清晰、做一些小投资的朋友还是有的。

实在没有，还可以选择将自己的积蓄交给专业的投资经理人来打理。

2. 别急功近利，别触碰底线

在理财的同时，我们必须明白理财的意义是什么。是希望我们的财富在自己的手中不要贬值，甚至发挥一定的经济效益，还是希望一夜暴富，用这笔钱创造出财富奇迹？

如果你是前者，那即便你的理财没有让你获取更多财富，至少也是会保值的。但如果你是后者，请趁早打消这个念头。因为财富并不是你用来赌博的资本。你可以买股票、买基金，但是请衡量你承受风险的程度，尽量不要把钱放在一个篮子里。因为收益越大，风险越大。

做好储蓄、做好理财，可以成为你自由职业之路上的助力。但任何事情都是过犹不及，如果你本末倒置，将这种追求安稳的财富管理方式当成暴富的手段，就大错特错了。

理性投资、计划储蓄，让你的未来无后顾之忧，让自由职业之路越走越顺。

第五节　跟客户交朋友，在不稳定中寻求稳定

人是群居性的动物，人的价值很大程度上会在社会生活中体现。因此在现代社会的发展中，人们越来越重视人脉的发展，这种人脉不是社会潜规则、不是什么"我背后有人"，而是以人脉连接起资源和沟

第八章
自由职业的技能：学习不停歇，才是永恒的动力

通的桥梁。

对于相对独立的自由职业者而言，建立这种人脉的方式就是跟客户交朋友。唯有如此，你才不会一直处于孤岛之中；唯有如此，你才能切实感受到精神和物质的双重安稳。

人脉是你自由职业生涯中不可或缺的安全网

戴尔·卡耐基说："一个人快乐与否，85% 来自于与他人相处。"同理，自由职业者工作的稳定，85% 取决于客户的稳定，15% 取决于自身的专业程度。而你自己本身就是决定客户稳定性的决定因素。

人脉或许不是万能的，但是一定程度上它是衡量你社会能力的重要标志，更是获取社会资源的重要渠道。这不是什么市侩的经验，而是人们在社会生活中必须掌握的准则。

究其原因，或许用以下几点就能够解答：

第一，你不是一个人在奋斗。无论是作为职场中的一员或是自由职业中的一员，都不要陷入自己只是一个人的误区。任何的职业都需要团队合作，唯有如此才能实现优势互补。

你和你的客户就是一个团队，有人负责提出构想，有人负责技术支持；或者有人提供资金，有人负责执行。这些缺一不可。唯有这种合作才能产生经济效益，才能够实现社会效益。

如果你是一个内向有才的艺术家，你的作品想要被众人知晓，也需要职业经理人、收藏家、艺术公司等个人和机构的合作才能够传播出去。否则你的价值也就无从体现。

社会合作本身就是将各个族群的优点和专长有机结合，从而创造

一个人就是一个团队
——自由职业的真相

出社会价值。倘如你永远是一个孤立的存在，不建立人脉，不跟任何人合作，或许你不应该被称之为自由职业者，而是自我封闭的。

第二，人脉是衡量你能力的标尺。这世界上任何事情都是相对的，没有苦就没有甜，没有痛楚就没有快乐。没有什么是只有一面的。作为自由职业者更要通过跟客户交朋友、建立人脉，从而衡量自己的能力，并在这样的过程中提升自己。

客户和你的亲近程度和欣赏程度，或许一定程度上跟你和他的关系是密不可分的。试想一下，倘若你的能力样样不如你的竞争对手，你的性格特别不招客户喜欢，你们是不可能成为朋友的。因为不同于日常生活中的友谊建立，与客户的友谊本身就建立在合作有默契的前提下。换言之，是否能跟客户成为朋友，实际上也是你能力高下的一种标尺。

第三，和客户成为朋友，是你事业上的一条捷径。不同于所谓的"潜规则""走后门"，客户不可能成为你投机取巧的钥匙。因为任何"天上掉馅饼"的事情都是要付出代价的。倘若你将和客户的这份友谊用于歪门邪道，必将为这种选择付出代价。但是这并不意味着和客户交朋友不能成为你事业的捷径。

知己知彼，才能百战不殆。当你成为客户的朋友，你对客户的性格、爱好、价值取向有着比别人更深的理解，因而就能够设计出更加符合客户要求的产品。这便是一种正确的捷径。

此外，中国人讲究见面三分情，这在很多工作中同样有效。所谓的"见面三分情"有两种含义：一种是感情带来的"人情"，一种是诚意带来的"感情"。

第八章
自由职业的技能：学习不停歇，才是永恒的动力

第一种，当在一个竞标之中，你的方案和竞争对手的方案各有利弊，水平不相上下时，客户的选择可能就更倾向于情感的选择。如果你是他的朋友，如果你是他们领导介绍来的竞标者，如果你跟他有共同的一些经历……这些都会成为你成功竞标的筹码。当理性的因素相当，感性的因素就成了决定因素。

第二种，和客户交朋友有时候代表着一种诚意。举一个最简单的例子。在互联网高度发达的今天，很多时候人们之间的合作都依赖于邮件、QQ、电话、微信等，在这种情况下，倘若你上门去拜访，或许就会获得更高的成功率。

从事活动策划工作的 Andy 对此就深有体会。每次参与活动方案的竞标，他总是第一时间去客户单位进行拜访，实地了解客户的需求。而且往往拜访时间比竞争对手更早，准备更周全，几乎经过他手的方案没有不通过的。事后也会对客户进行多次回访，甚至私下也经常一起吃饭。慢慢地客户变成哥们，他的业务也越来越多。

社会发展的规律有一定的不可逆性。在普通职场中，工龄越长、工作时间越久的人往往工资相对越高。衡量这种员工价值的标准主要是两个方面：专业技能娴熟和社会人脉丰富。

人脉一定程度上就是你成功的基础和安稳的保证。特别是对于自由职业者而言，开始的两三年往往是人脉积累的过程。唯有在这样的过程中广泛地和客户交朋友，建立自己的人脉，才能逐渐为自己带来稳定的业务。

当你的客户成为朋友，当你的朋友成为你寻找客户的途径，所谓的不稳定和缺少业务的自由职业难题也就不复存在了。用人脉建立起

自己的圈子，别让你的自由职业生涯朝不保夕。

社交技能是可以后天培养的

很多时候我们都知道正确的路径是怎样的，正如攀登的过程中，道路无比清晰，终点就是山顶，但依然有人无法登顶。自由职业者也常常面临这个困境，他们深深懂得客户的重要性，知道和客户成为朋友的好处，却依然无法踏出跟客户交朋友的这一步。

改变的过程是痛苦的，踏出改变的第一步更是无比艰难。但这并不意味着要退缩，因为当你成功踏出第一步，你会发现改变或许远没有你想象中那么糟糕。

小伟原来是一家4A广告公司的设计师，在公司做了5年之后，他决定出来单干，自己开广告公司。但是摆在他面前的首要问题就是拓展客户。以前一些老客户因为常年的合作关系，跟他形成了一定的默契，经常有一些小的项目会交给他承办。但是这些远远不足以养活他成立的这家小公司。

但对于性格相对内向、有些木讷的小伟而言，拓展客户是一件非常让他头疼的事情。虽然他的团队中有一个销售员可以去拓展市场，但是作为公司的老板，无论是从内部管理的层面还是对外的层面，提升口才都成了当务之急。

痛苦的小伟决定报口才训练班，通过专业的培训来提升自己的社交能力。在训练班中，老师会设计多种课程，包括自由演讲、辩论、相互交流等多种方式发去锻炼参与者的口才。经过一段时间的培训后，小伟发现口才其实不是天生的，而是真的可以经过后天的培训而拥有的。更让他惊喜的是，在培训班认识的一个朋友当时正好有个广告项目在寻找广告公司，小伟自然而然地推荐了自己的公司。四年过去了，这位朋友依然是小伟的忠实客户。

对于小伟而言，创业也是一个不断学习的过程，也是不断建立自己人脉的过程。除了练习口才之外，随着事业的发展，他还报读了MBA（工商管理硕士），提升自己的管理能力。

这几年，小伟的广告公司在业内名气越来越大，承接的项目多了起来，而他本人也迈上了新的台阶——就读某高校的总裁培训班。这是小伟的社交晋级阶段。对他而言，在学习的过程中拓展社交圈，从自己的社交人脉中寻找市场，这是一种新的发展模式，也是属于他的商业诀窍。

可以跟客户交朋友，也可以把朋友变成客户。这世上没有一成不变的角色，也没有一成不变的人。唯有学会变通，学会适应这个社会的规则，你才能收获意外的惊喜。

第六节　跟宅男宅女告别，跟阳光向上优雅邂逅

有个小品里说："眼睛一睁一闭，一天过去了；眼睛一闭不睁，一辈子过去了……"时间实际上是个非常奇怪的东西，每个人分配到一天的时间同样是24小时，但是你使用时间的方式不同，得到的结果也就不同。

很多人都有这样的体验。当你用一整天的时间宅在家里，看看电

视、睡得黑白颠倒、整天不出门的时候，你是无法感受到时间流逝的速度的。仿佛什么也没干，你的一天就消耗掉了。

打个比方，我们每个人在当学生的时候都有过暑假。但是如果你的暑假就是待在家里吃吃喝喝、毫无规划，你会发现原本几十天的暑假很快就过完了。如果你的暑假早早制定了计划：上兴趣班、出国旅游、走亲访友，当你行程满满的时候，这个假期似乎变得更加长了。等暑假过完，回顾的时候你就会发现："原来这个假期这么长。"

"宅"不应该成为躲避社会生活的避风港

"宅男宅女"是从日本衍生而来的外来语，主要指长期待在家里、把家当作唯一活动地方的那些男生或者女生。但是随着自由职业的发展，我们可以发现很多自由职业者其实也是"宅男宅女"，或者说他们在从事这项工作之后慢慢变成了宅男宅女。

作为本身就在家办公的自由职业者，"宅"其实是一个非常危险的信号。因为这意味着原本就很少出门的人，更少去接触社会、接触自然环境了。在这样的过程中会形成惰性。

从事自由撰稿人工作的小文，自己就声称自己是"宅女"一枚。但是她有严重的拖延症，对于她而言，只要是待在家，似乎时间永远是宽裕的。但是当她浪费了一整天的时光，准备开始工作的时候就会发现，自己的时间实际上已经不够了。

对于她而言，唯一能够提高工作效率的方式就是走出家门，带着笔记本电脑去咖啡厅工作。

由此可见，"宅"在一定程度上会模糊你的时间观念，进而影响你

第八章
自由职业的技能：学习不停歇，才是永恒的动力

的工作效率。

当然，还有另外一种可能——你在自由职业者的生涯中，变得越来越宅。这是现代科技带来的副作用，但是也是绝对要不得的习惯。

平面设计师艾伦发现自己最近的免疫能力越来越差：换季就感冒、吃点刺激性食物就肠胃炎、原本不过敏的东西现在吃了也开始过敏了……但是去医院检查，也无法检查出什么毛病，医生对他的建议就是多运动、多出去走走、加强锻炼。

这同时也是他的症结所在。从广告公司辞职后的他在家里开了自己的个人工作室，几乎所有的工作都可以在家中完成：从一些设计网站上找业务、线上洽谈交流、线上提交作品、线上转账获得收益。

甚至最过分的时候他尝试过一个月不出门，还为此发朋友圈炫耀："真是无法想象没有外卖小哥和快递小哥的人生，而且必须给现在的快递人员赞一个，下楼顺便带垃圾，这服务还能更贴心一点嘛？"

互联网技术的发展、各种快递服务的兴起，是为了改善人们的生活，却也成为了自由职业者们"宅"的最好屏障。

去呼吸去行走，去感受自由的生活

很多从事自由职业的人经常会抱怨："工作把自己困在了房间里。"但事实上这只是自己为自己的"宅"找的借口。正如高尔基所说："时间就像是海绵里的水，挤挤总会有的。"

我们从来不是被工作束缚、不是被房子束缚，更不是越来越进步的服务束缚，而是被自己的心束缚了。

微博上有个叫作"艾力酷爱英语"的账号，他发起了每天早上7

点起床读英语的活动，得到了上万人的响应。这个账号的创立者是一个叫艾力的新疆男孩。他发明了自己的黄金三十四法则，用以管理自己的时间：每天早上7点起床，晚上12点睡觉。中间17个清醒的小时等额划分为34份，让每一份都过得有计划、有意义，这样所有清醒的时间就变成了黄金时间。

当然这不是适用于所有人的法则，但是却有着值得所有人学习的一点——让自己的人生过得尽量有意义。即便你是个项目繁多的自由职业者，也不要变成死气沉沉的宅男宅女。要规划出学习、运动、旅行的时间，让自己的人生更加丰富一些。

毕淑敏说："生命是没有意义的，但是我们要为之确立一个意义。"

不要在繁忙的生活中忘记了初心。去奔跑、去感受阳光的洗礼，去看看世界。让自己的自由职业生涯不再苍白，跟积极向上的生活温暖邂逅。

后记：
一个人的自由职业，一个时代的狂欢

一本书，N 种人生。《一个人就是一个团队——自由职业的真相》全书写了很多人的故事，有大人物的风云、小人物的悲喜。这些在社会上扮演着不同角色的人有着一个共同的名字——自由职业者。

或许读完这本书，你在故事里找到了你自己的影子，或者你为自己的人生寻找到了另外一种可能。这一切都已经与这本书无关，作为笔者，写作的任务终止在截稿的那一刻，其他的一切都交给读者。

自由职业看上去是对于很多人而言相对陌生的话题，我们的思维定式中或许首先想到的是作家、艺术家。实际上，读完这本书，你或许会发现，自由职业者已经渗透到生活的方方面面。我们日常生活中接触的很多人都是自由职业者。

这是独属于这个时代的特色，也是历史的再一次重演。回溯到遥远的古代，很多人其实都是自由职业者，比如走街串巷的手艺人、忧国忧民的诗人、江湖上算命的术士等。只要你是独立的个体，只要你

一个人就是一个团队
——自由职业的真相

游离于统一的规则之外进行营生，其实就是自由职业者。

在这个共享经济、共享知识的时代，自由职业者更是层出不穷。呼喊着"大众创业，万众创新"的创业者们、那些在咖啡馆里奋笔疾书的写作者们、那些过着黑白颠倒日子的设计师们，都是行进在自由职业道路上的开拓者。

或许在别人眼中，这份"新兴"职业特别光鲜亮丽，因为在离开体制的那一刻，你成了自己的主人。在保守者眼中，自由职业者就像是一群孤注一掷的狂徒，在消耗自己的青春和时光。

但作为这个大军中的一员，笔者更希望大家能在看完这本书后有另外一种认知——自由职业不过是万千职业中的一种罢了。

无论别人怎么看，身为自由职业者或者希望成为自由职业者的你，无须活在别人的眼中，活在自己的认知里就行了。

自己工作、自己管理、自己经营自己的"公司"，在这个让人振奋的时代，自由职业是人生的另一种可能。